Rolf Robischon

Schreiben und Lesen
Selbstständig lernen von Anfang an

Rolf Robischon

Schreiben und Lesen

Selbstständig lernen von Anfang an

Rediroma-Verlag

Bibliografische Information der Deutschen Nationalbibliothek:
Die Deutsche Nationalbibliothek verzeichnet diese Publikation in der Deutschen Nationalbibliografie; detaillierte bibliografische Daten sind im Internet über http://portal.dnb.de abrufbar.

ISBN 978-3-98885-372-1

Zeichnungen: Rolf Robischon (ERNST BÖSE), Freiburg

www.rediroma-verlag.de
18,90 Euro (D)

Inhalt

Ein Kind lernt schreiben, wie es sprechen gelernt hat!
So arbeiten Sie mit diesem Heft!

Liebe Kollegin, lieber Kollege,
mit Hilfe dieser Arbeitsvorlagen lernen Kinder den Umgang mit der Kommunikationsform Schrift auf dieselbe Weise, wie sie Sprechen gelernt haben:
Sie hatten das Gesprochene wahrgenommen und hatten danach ihre eigene Sprache mit der eigenen Grammatik entwickelt, anfänglich ziemlich unverständlich. Sie hatten jedoch ihre Sprache ständig überarbeitet, bis sie schließlich zur allgemeinen Verständigung geeignet war. »Ein Kind kann mehr sprechen, als es je gehört hat« (Noam Chomsky).
Einem Kleinkind braucht man nichts beizubringen! Man braucht es nicht durch Maßnahmen zu steuern, anzutreiben oder zu bremsen. Warum sollte man das mit Schulkindern tun? Auch Erstklässler wollen noch aus eigenem Antrieb lernen.
Deshalb stellen wir ihnen Lerngelegenheiten zur Verfügung, wir hören zu, schauen zu, warten ab und nehmen subjektiv Stellung zu dem, was ihnen gezeigt, gesagt, vorgemacht wird.
Wir lehren also nicht in Kinderköpfe hinein, sondern lassen Wissen, Verhaltensweisen und Kommunikationsformen entstehen von den Kinderköpfen aus; als selbstständige und subjektive Entwicklungen.
Irrtümer, Kooperation, ständige Kommunikation sind dabei unerlässlich: all das, was früher in der Schule strengstens vermieden werden sollte. Wissen ist nicht mehr eine Ansammlung von Konserven im Kopf, sondern ein Netz aus Beziehungen und Kraftlinien in ständiger Überarbeitung und Balance. Sein Gleichgewicht kann jeder Mensch nur selber finden. Wer ihn dabei festhält, hindert ihn daran.
Kinder sind nicht unvollständige Menschen, die ergänzt und geformt werden müssen. Sie sind vollständige Menschen in ihren eigenen Entwicklungszuständen und -abläufen.

Kurzbeschreibung des Lernmaterials
Die ersten 46 Blätter dieser Arbeitsvorlagen sind Schreibanlässe zu Wörtern, die mit Hilfe der Zeichnungen sofort verstanden und gesprochen werden können. Die meisten sind – als Szene einer Geschichte – Sprechanlässe.
Auf den ersten 21 Seiten ist die vorgedruckte Schrift einen Zentimeter hoch, wie etwa die Schrift von fünf- bis sechsjährigen Kindern. Danach wird die vorgedruckte Schrift etwas kleiner, die Schreibkästen bleiben gleich hoch.
Auf jeder Vorlage ist viel freier Raum für eigene Ergänzungen und Einfälle.
Beweise für erste Lernerfolge können ab Vorlage 12 immer wieder gefunden werden, z. B. auf 12, 14, 15, 17, 20, 21, 23, 24, 26, 27, 39, 40, 41, 42, sowie den Vorlagen 43 bis 46 gesehen werden.

Auf Vorlage 47 kommen mit dem ersten Satz die Kleinbuchstaben dazu. Weil die Schuljahre in den verschiedenen Bundesländern unterschiedlich beginnen, sollte darauf geachtet werden, dass Vorlagen, die mit Weihnachten oder mit Winterkälte zu tun haben, zu geeigneten Zeitpunkten angeboten werden. Sie können, wenn Sie wollen, andere Vorlagen vorziehen: Die Reihenfolge ist nicht starr und kann jederzeit geändert werden, denn Kinder lernen nicht in kleinen Schritten und in kleinen Bröckchen.
Was die Kinder bearbeitet haben, sammeln sie in Klarsichthüllen, je zwei Vorlagen in einer, in einem bunten Ordner, dem ABC-Buch. Zum freien Schreiben an der Tafel, zum Stempeln mit dem Stempelkasten, zum Wörtersetzen mit Magnetbuchstaben oder zum Schreiben auf der Schreibmaschine dient dieses ABC-Buch als Hilfe und Nachschlagewerk. Weil die Bilder, ohne besondere Aufforderung, farbig ausgemalt werden, wissen die Kinder ganz selbstverständlich, welches Wort auf welcher Seite steht.
Wenn alle Vorlagen bearbeitet und die Lesegeschichten, die einfach ausgelegt werden, gesammelt und gelesen sind, fangen die Kinder ein großes Heft mit der Lineatur 3 an. Es heißt Geschichten-Heft. Die Vorschläge für die Geschichten, die von der Tafel oder von den kopierten Vorlagen abgeschrieben werden, finden Sie hinten ab Vorlage 86 in diesem Heft. Zu jeder Geschichte sollten die Kinder das zugehörige Bild malen. Jeder weiß, dass Texte durch Bilder transportiert werden.
Auf den untersten Zeilen jeder Heftseite lasse ich jeweils ein oder zwei Wörter aus dem Text in Schreibschrift trainieren. Die Schreibschriftwörter stehen groß an der Tafel und können von Kindern auch dort schon nachgeschrieben werden. Wenn die Schwünge noch nicht klappen, besteht kein Grund zur Panik. Kinder haben Zeit ihre Fertigkeiten zu entwickeln. Um diese Fertigkeiten zu verfeinern, müssen die Kinder selber mit dem Bisherigen unzufrieden sein. Unzulänglichkeits- und Fehlermeldungen durch andere machen unselbstständig und abhängig.
Kinder, die unsere Sprache nicht sprechen, bekommen die Wörter zu den Bildern des *Schreiben und Lesen – Selbstständig lernen von Anfang an* auf Deutsch vorgesprochen. Kinder, die Deutsch sprechen, aber z. B. kyrillische Schrift schreiben, brauchen keine weiteren Hinweise.
Bis zur Vorlage 12 kommen von 26 Buchstaben 22 vor (auf Vorlage 1 acht Buchstaben, Vorlage 3 vier, Vorlage 4 drei, Vorlage 5 einer, Vorlage 7 und 8 je zwei und Vorlage 12 drei).
Die Buchstaben J, QU, X und Y tauchen auf den Vorlagen 22 bis 36 auf, es sei denn, ein Kind fragt danach oder sie werden für Namen gebraucht. Die Buchstaben werden nicht eingeführt, sie sind einfach da, in verschiedenen Lautwerten.
Wer anders mit dem Lesenlernen oder mit dem Spontanschreiben umgehen will, findet auch eine Anlauttabelle in Form eines Eis. Wenn die Kinder die kleinen Bilder zu den Buchstaben farbig angemalt haben, finden sie die zugehörigen Buchstaben immer wieder sehr schnell.

So gehen Sie mit Fehlern um

Wenn auf den aufgeführten »Beweis«-Vorlagen Fehler geschrieben werden, z. B. BÄA, BER, AIS, AIMA, FOGL, FEAD, HUNT, TOATE usw. sind das nicht etwa Hinweise auf Mängel oder Versagen, sondern vielmehr Beweise für einen ersten selbstständigen Umgang mit der Kommunikationsform Schrift. Die ersten Experimente werden nicht »eingeprägt«, sondern immer wieder überarbeitet. Kinder, die so experimentieren und improvisieren dürfen, werden Experten für Schrift. Kinder, die veranlasst werden, »Fehler« zu vermeiden, bleiben unsicher und abhängig von der Beurteilung durch andere. Wenn ein Kind natürlich fragt: »Wie schreibt man ...?«, kann die Lehrkraft das Wort an die Tafel schreiben. Manche Kinder lassen sich ganze Geschichten, die sie schreiben möchten, so an die Tafel schreiben.

Die Arbeitsweise mit diesem Schreib- und Leseanfang

Wenn Sie mit allen Kindern gleichmäßig vorankommen wollen, werden Sie von den kopierten Vorlagen den Kindern an jedem Schultag nur eins anbieten. Die Vorlagen müssen nicht erklärt werden. Kinder sprechen über die dargestellte Szene, teilen sich gegenseitig oder der Lehrkraft mit, was da geschrieben steht, schreiben (zunächst durchaus auch mit Verdrehungen oder zu vielen Strichen) und malen das Bild aus. Weil in der Regel die Kinder, denen das Schreiben keine Mühe macht, sorgfältiger ausmalen als Kinder, denen der Umgang mit Stiften ungewohnt ist, weichen die Arbeitszeiten nicht sehr voneinander ab. Für weitere Arbeiten stehen Bücher und Wandtafeln mit Kreide zur Verfügung, nach kurzer Zeit vielleicht auch Stempelkästen oder noch halbwegs brauchbare mechanische Schreibmaschinen.

Überlegen Sie sich gut, ob Sie auf Nachfragen weitere ABC-Vorlagen am gleichen Tag ausgeben: Kinder von ehrgeizigen Eltern schreiben sich gern durch ganze Stapel solcher Vorlagen, ohne sich näher damit zu befassen. Auch wenn Sie die Kinder in Freiarbeit unterschiedlich schnell arbeiten lassen, ist es gut zu überlegen, ob sie mehr als eine Vorlage ausgeben! Der Sinn der Vorlagen liegt ja auch darin, die Kinder zum freien Schreiben anzuregen.

Die anbietende und beobachtende Lehrkraft stellt fest, ob Kinder geschrieben und gemalt haben, lässt sich dazu erzählen und nimmt Stellung: Das gefällt mir. Das finde ich nicht farbig. Ich finde es unvollständig. Ich finde es interessant.

Bitte schreiben Sie sich auf, an welchem Schultag Kinder »Fehler« schreiben (wie oben erwähnt) und bewahren Sie solche Notizen sorgfältig auf. Auch die Kinder freuen sich, wenn Sie ihnen nach zwei/drei Jahren mitteilen, welches ihre ersten eigenen Wörter am vierzehnten oder einundzwanzigsten oder auch hundertsten Schultag waren. Auf die ersten eigenen Wörter zu warten, fällt Lehrkräften schwer. Wer ungeduldig ist, kann ja mitteilen, dass er/sie darauf wartet.

Weil Schrift eine von verschiedenen Kommunikationsformen ist, sollte sie auch in der ersten Klasse so bald wie möglich dazu verwendet werden. Nach

zwei bis drei Wochen muss die tägliche Begrüßung nicht mehr gesprochen werden. Sie steht an der Tafel: GUTEN MORGEN, LIEBE KINDER.
Bald können auch weitere Informationen und Hinweise schriftlich weitergegeben werden: WENN DER ZEIGER AUF DER 3 STEHT, MÜSSEN WIR AUFRÄUMEN. Oder: WIR GEHEN AN DIE FRISCHE LUFT.
Kindern, die an einem Tag unbedingt mehr auf vorgegebenen Vorlagen schreiben wollen, können übrig gebliebene Vorlagen aus der ersten Zeit, als ein kleiner Überschuss für verunglückte Seiten kopiert werden musste, gegeben werden.
Wenn später Seiten nachgereicht werden, können dort die vorgedruckten Wörter beim Kopieren ausgeblendet werden. So könnten auch Hausaufgabenseiten aussehen, falls Sie das für sinnvoll halten, falls die Kinder das möchten oder falls Eltern unbedingt darauf bestehen, dass ihr kleines Kind täglich seine »Pflicht« tue.
Schreiben und Lesen – Selbstständig lernen von Anfang an wurde bereits an vielen Schulen erfolgreich eingesetzt, bietet Gelegenheit neue Wege zu beschreiten, neue Erkenntnisse über das Lernen zu finden und weitere Einfälle zu Lerngelegenheiten zu entwickeln.
Der *Mathematik-Anfang – Selbstständig lernen von Anfang* an gibt den Kindern Gelegenheit, das Land der Mengen und Zahlen selbst zu entdecken.
Ihnen und den Kindern viel Erfolg und Freude wünscht

Rolf Robischon
aus Freiburg

Wie lernt ein Kind schreiben?
Praktische Hinweise zu den Arbeitsblättern

Wenn Kinder auf den Vorlagen von *Schreiben und Lesen – Selbstständig lernen von Anfang an* die Schrift benutzen, imitieren sie dadurch den natürlichen Schreib- und Leseprozess, den Spontanschreiber vollziehen. Und eigentlich braucht man nicht viel mehr zu tun, als die Kinder die Vorlagen beschreiben und bemalen zu lassen.

ENTE, EI, POLIZEI - auf der ersten Vorlage. Ist das kindgemäß? Was hat das miteinander zu tun? Nichts, natürlich! Das sind drei Sachen, die Kinder total faszinieren: Gehen Sie in den Park oder auf einen Bauernhof und sehen Sie, wie die Kinder auf Enten, Küken und brütende Tiere reagieren. Also Ente und Ei, vor allem eins, das gerade aufgeht (Vorlage 2). Da gibt es viel zu denken, zu sprechen, zu malen! Und die Polizei? Das ist ein Wort, das die Kinder überall sehen. Auf jedem Polizeiauto nämlich. Die meisten Jungen und auch mehr und mehr Mädchen sind von der Polizei fasziniert. Und tatsächlich: Das ist oftmals das erste Wort, das Kinder lesen können. Wenn Sie mit einem Schulanfänger spazieren gehen, fragen Sie mal, was da auf dem Auto steht. Und Sie werden sehen, das Kind liest: Polizei. Ist das nicht toll, das Kind ist grade mal ein paar Tage in der Schule und kann Polizei lesen! Jedoch: Es hat wahrscheinlich gar nicht gelesen, sondern es weiß, dass da Polizei steht. Was denn sonst, wenn es ein Polizeiauto ist? Genauso geht es den Kindern mit den Bilderbögen. Sie wissen einfach, was da steht und sie wissen selbstverständlich auch, dass das Kästchen darunter zum Schreiben da ist!

Sie sehen, es geht nicht darum, dass das Kind etwas bei ENTE, EI, POLIZEI lernen soll, es ist egal, was da steht. Das Kind soll über das Blatt reden mit seinen Freunden und Freundinnen, es ergänzen und ausgestalten, eine Verbindung herstellen zwischen dem Erlebnis, das auf dem Bild stattfindet und den Wörtern und Buchstaben und es soll auf diese Art nach und nach Buchstaben kennen lernen und diese dann selbst benutzen. Das ist das Wesentliche dabei! Und nach und nach sehen Kinder die Notwendigkeit zu lesen oder zu verstehen.

Wenn Sie ein spontan schreibendes Kind beobachten, werden Sie feststellen, dass es einige Buchstaben kennt und weiß, wie sie lauten. Woher? Von Geschwistern vielleicht oder vielleicht hat es auch Ältere gefragt, das weiß keiner. Mit den Buchstaben fängt es an, Zusammensetzungen zu bilden, die Wörter ergeben – oder so etwas Ähnliches jedenfalls: DAS MEDEN IS LIP. Das versteht doch jeder, nicht wahr? Und wenn es schreibt und es fehlt ein Buchstabe für einen Laut, dann fragt es, wie man diesen oder jenen Laut schreibt. Oder es nimmt Hilfsbuchstaben, zum Beispiel MEDJEN statt Mädchen. Eine Anlauttabelle kann hilfreich sein (auf Vorlage 85 finden Sie ein Anlaut-Hühnerei).

Und bald wird es dem Kind lästig, nur schreiben und nicht lesen zu können, was es schreibt, vor allem, wenn es den Faden verloren hat und sein Selbstgeschriebenes nochmal überlesen will. Und so beginnt das Kind, sich das Lesen beizubringen. Und wenn es lesen und schreiben kann, beginnt es mit der Schreibschrift ...
Und dieser Vorgang soll imitiert werden. Es ist im Grunde völlig egal, mit welchen Wörtern, Bildern, Inhalten. Hauptsache, die Kinder haben Spaß damit und genügend Freiraum, Lücken zu füllen, Geschichten auszudenken ...

Eine ausführlichere Beschreibung der einzelnen Arbeitsblätter
Auf jeder Vorlage wird durch die Bilder eine Geschichte erzählt, manchmal ist direkt etwas Dramatisches los! Da will der Bär ein Ei braten, was dem Huhn gar nicht gefällt (19) oder der Bär fürchtet, sich mit dem Hammer auf die Pfote zu klopfen (14) ...
Es ist so viel los, dass die Kinder genügend zu entdecken, zu besprechen und weiterzudenken haben!

Vorlage 1/2: Der Einstieg in die Arbeitsweise wird den Kindern erleichtert durch die fast identischen Vorlagen. Sie fordern heraus, die Unterschiede festzustellen und eine Geschichte dazu zu erzählen. Es gibt auch »sprachlose« Kinder und Einzelgänger. Vielleicht unterhalten Sie sich mit diesen über das, was da geschieht?
Falls wirklich ein Kind nicht auf die Idee kommen sollte, die Vorlagen auszumalen, machen Sie doch den Vorschlag, zeigen Sie, dass das andere machen. Vielleicht malen Kinder auch Ergänzungen auf die Vorlage. Es wird nicht nötig sein, die Kinder darauf hinzuweisen, dass man in die Kästchen schreibt. Das wissen sie selbst. Auf den ersten beiden Vorlagen könnte ein Kind schon feststellen, dass die Buchstabenverbindung EI in POLIZEI wieder auftaucht und tatsächlich auch so gesprochen wird. Auch wenn ein Kind nicht darüber spricht, macht es diese Entdeckung möglicherweise.

Vorlage 3: Ein schon bekanntes Wort taucht wieder auf: ENTE. Und die Buchstabenverbindung EI wird in EIS wiederentdeckt. Wenn nicht von allen, so macht das nichts. Erlauben Sie den Kindern die Entdeckung selbst zu machen!

Vorlage 4: Jetzt werden wohl die meisten Kinder feststellen, dass in jedem Wort AU auftaucht, auch wenn Sie ihnen das nicht unbedingt mitteilen. Sie werden bald bemerken, dass die Kinder die Buchstabenverbindung verwenden.

Vorlage 5: Hier taucht zum zweiten Mal der merkwürdige Buchstabe Ä auf. Da die Vorlagen im Ordner gesammelt werden, können die Kinder zurückblättern, falls es ihnen auffällt. Im Vordergrund des Blattes steht aber eine aufregende Geschichte, die eigentlich erst beginnt, wenn die Vorlage fertig geschrieben und gemalt ist. Die lässt sich malen und vielleicht schreiben die Kinder auch etwas darauf?

Vorlage 6/7: Hier wird zum ersten Mal ein Buchstabe herausgestellt. Wenn die Kinder entdecken, dass jedes Wort mit diesem Buchstaben beginnt, können sie vielleicht schon das Anlaut-Ei von Vorlage 85 benutzen!

Vorlage 8: Auf dieser Vorlage ist allerhand los: Das K wird identifiziert – aber es taucht nur bei einem Wort am Anfang auf. Bei einem anderen in der Mitte (kann man es hören?) und bei einem dritten gar nicht! Aber auf dem sitzt der Käfer! Drei leere Felder bieten sich an, die Wörter aufzuschreiben: ein kurzes, ein längeres, ein langes und die Form der Kästchen zeigt, wo man was hineinschreiben könnte, wenn man Lust hat.

Vorlage 9: Wieder drei Wörter: zwei mit T und eines ohne. Aber dieses hat's in sich. Es reimt sich auf das eine T-Wort!

Vorlage 10: Die Buchstabenverbindung kann am Wortanfang, aber auch am Wortende stehen!

Vorlage 11: Hier gibt es viele freie Felder und Formen müssen genau betrachtet werden. Der erste Doppelbuchstabe taucht auf: TT.

Vorlage 12: Hier taucht das SCH in der Wortmitte auf. Der zweite Doppelbuchstabe: SS.
So nach und nach haben die Kinder einige sehr wichtige Entdeckungen gemacht – was nicht bedeuten muss, dass sie diese auch anwenden. Es kann durchaus sein, dass sie das mit dem SCH begriffen haben, aber trotzdem FIS schreiben. Das macht überhaupt nichts! Das kommt später von selbst. Die Notwendigkeit präziser zu schreiben ergibt sich, wenn andere Kinder etwas nicht so genau verstehen oder beginnen, die Vorlagen der anderen zu verbessern.

Vorlage 13: Das V wird verschieden ausgesprochen! Die freien Felder erfordern ein ganz genaues Hinsehen!

Vorlage 14: Zwei Wörter enden gleich: auf EL. Womit das Augenmerk darauf gelenkt wird, dass es nicht VOGL und NAGL heißt! Und der dritte Doppelbuchstabe: MM.

Vorlage 15: Noch einmal die Endung EL und so ähnlich: ER. Hier sei noch einmal darauf hingewiesen, dass es nichts macht, wenn die Kinder beim freien Schreiben APFL und LEITA schreiben. Hier auf der Vorlage machen sie es jedenfalls richtig.
Zum ersten Mal erscheint hier nun die Buchstabenverbindung PF und das sehr schwierige Wort KORB. Die Verbindung OR ergibt einen Klang, der dem O nicht ähnelt.

Vorlage 16: Hier wird das PF identifiziert.

Vorlage 17: Zum ersten Mal dürfen die Kinder die Wörter den Bildern zuordnen. Wenn sie Schwierigkeiten haben, brauchen sie nur in ihrem ABC-Buch zu blättern!

Vorlage 18: Abgesehen von der Geschichte vom ausgerissenen Wurm, die das Bild erzählt, wird das CH identifiziert.

Vorlage 19: Wieder ein Doppelbuchstabe: NN und eine Dehnung: UH.

Vorlage 20/21: Der Bär muss mit seiner Pfanne enttäuscht abziehen, weil die Eier besetzt sind – im Nest. Dabei wird das ST identifiziert.

Vorlage 22: Die Schrift wird deutlich kleiner! Das X wird herausgestellt und das FF taucht auf.

Vorlage 23: Wer das Testblatt nicht schafft, das heißt, wer diese Wörter noch nicht lesen kann, darf vorne nachschlagen!

Vorlage 24: Das D wird entdeckt und der Topf ist nötig, wegen des Deckels. Machen Sie die Kinder nicht darauf aufmerksam, dass das T ein ähnlicher Laut ist. Erstens ist das T am Wortanfang deutlich verschieden vom D und zweitens: Wer das entdeckt, kann die Entdeckung auch verkraften. Wegen der Ähnlichkeitshemmung sollten Sie das also bitte nicht von sich aus ansprechen! Neben dem Buchstaben D entdecken manche vielleicht das CK.

Vorlage 25: Noch einmal wird die schwierige Buchstabenverbindung CH herausgefunden. Diesmal steckt sie im Wort und zwar in der Verkleinerungssilbe -CHEN. Gleichzeitig gibt es zum ersten Mal eine Pluralform und fast so etwas wie einen Satz: ZWEI ENTEN.

Vorlage 26 bis 30: Viel Raum gelernte Wörter einzutragen. Und immer wieder: Wer es nicht kann, schlägt vorne nach! Es ist allerdings durchaus wünschenswert, dass die Kinder es so schaffen, auch wenn sie dann auf Vorlage 30 zum Beispiel FOGL schreiben, ist das eine tolle Leistung!

Vorlage 31/32: Das CU, eine sehr schwierige Buchstabenverbindung, taucht auf. Diese Vorlage können die Kinder nicht alleine bearbeiten, weil sie vermutlich anstelle von Qualm alle Rauch sagen werden. Da müssen Sie nachhelfen und das Wort Qualm vorgeben. Die Dehnung EH wird möglicherweise entdeckt! Das EU wird herausgefunden.

Vorlage 33: Das Z wird identifiziert und das UH wiederholt sich in KUH.

Vorlage 34: Das J wird entdeckt und zweimal taucht das CK auf. Dieses ist im Unterschied zum TZ schwierig. Beim TZ hören die Kinder das T (auch wenn es gar nicht da ist, bei Brezel, zum Beispiel), das C beim CK hören sie nicht!

Vorlage 35: Das C ist ein schwieriger Buchstabe, man kann es so und so aussprechen. Der Cirkus ist mit C geschrieben, weil die meisten Zirkusse sich selbst so schreiben! Falls die Kinder merken, dass es auch eine andere Schreibweise gibt: umso besser. Das Ö lässt sich hier gut mit dem O vergleichen.

Vorlage 36: Das Y zusammen mit zwei Wörtern, die teilweise schon bekannt sind (MAUS und BÄR) und vor allem in zwei Worten, die jedes Kind kennt!

Vorlage 37 bis 39: Das PP wird zum ersten Mal geschrieben, das Ü und das OO.

Vorlage 40 bis 42: Wörter, die noch nicht bekannt sind, (ELEFANT, SOFA etc.) dürfen geschrieben werden – wer sich nicht traut, fragt eben nach! Aber eigentlich können die Kinder sich das jetzt schon selbst zusammenreimen.

Vorlage 43 bis 46: Viele neue Wörter werden ausgeknobelt und den Bildern zugeordnet. Auf Vorlage 43 und 44 kann man die Wörter schon an den jeweils verschiedenen Anfangsbuchstaben erkennen – wenn man den Unterschied zwischen S und SCH erkennt, auf Vorlage 45 gibt es zwei K-Wörter und auf Vorlage 46 beginnen gleich drei mit einem B!

Vorlage 47: Die Geschichte erzählt sich noch in Großbuchstaben und die Schlussfolgerung dann schon in GroßKlein-Schreibweise. Fast alle Kinder sind jetzt so weit. Sie haben sich schon mit so vielen Texten befasst, dass ihnen die Kleinbuchstaben nicht mehr fremd sind. Sie werden sich daran gewöhnen. Zugleich erscheint hier zum ersten Mal ein Satz, der auch ganz richtig mit einem Punkt endet.

Vorlage 48 bis 51: Hier gibt es nun viele Sätze, in denen allerhand geschieht: lacht – rollt – bellt ... jede Menge t am Ende der Wörter.

Vorlage 52: Die Maus lacht. Ob sie darüber lacht, wie angestrengt das Huhn die Augen zuquetscht und wie das Ei hinten 'rausgeschossen kommt?

Vorlage 53 bis 60: Jetzt werden die Sätze komplizierter. Ganz sachte wird aus einzelnen Sätzen eine ganze Geschichte. Adjektive schmücken die Sätze aus.

Vorlage 61: Hier dürfen die Farben selbst zugeordnet werden.

Vorlage 65: Diese Seite gibt Anlass, über fremde Sitten und Gebräuche zu sprechen (Mehmet trinkt den Tee aus einem Glas, Mehmets Mutter sieht ganz anders aus als eine deutsche Mutter) und darüber, was wir schon übernommen haben (Fladenbrot).

Vorlage 72: Auf dieser Seite werden alle, die noch nicht von sich aus den Mut zum freien Schreiben hatten, aufgefordert, ihre Weihnachtswünsche niederzuschreiben. Auch ein ganz schnelles Kind sollte also diese Vorlage nicht vor Ende November haben!

Vorlage 73: Ob der Teddybär das Blatt nicht lesen kann, weil er es verkehrt herum hält? Oder kann er nicht lesen, weil er es nicht gelernt hat? Der Vogel sieht so aus, als könne er die Wörter lesen!

Vorlage 74: Diese Seite ist zum freien Schreiben gedacht und lässt Raum für viel Fantasie.

Vorlage 75: Ab hier sind Texte vorgegeben, die die Kinder abschreiben, manche vielleicht sogar schon in Schreibschrift, die Sie ihnen auf den Vorlagen 90 bis 93 zur Verfügung stellen.

Vorlage 85: Auf dem Anlaut-Ei suchen sich die Kinder die Buchstaben, die sie zum Schreiben brauchen mit Hilfe des Bildes heraus. Vielleicht müssen Sie ihnen erklären, dass die Wörter im Ei jeweils mit diesem Buchstaben beginnen, die Wörter außen haben den Laut innen oder am Ende! Es kann sinnvoll sein, wenn die Kinder den Innenkreis – das sind die Großbuchstaben – farblich hervorheben. Es könnte sonst zu Verwechslungen kommen. Selbstverständlich können Sie den Kindern das Anlaut-Ei schon wesentlich früher zur Verfügung stellen: Sobald ein Kind selbstständig zu schreiben beginnt und Buchstaben sucht, bekommt es die Vorlage!

Vorlage 86 bis 89: Das sind Geschichten für das Geschichten-Heft. Sie können in Druck- oder Schreibschrift eingetragen werden. Das Heft darf auch bemalt werden. Auf diesen Seiten sind alle Buchstaben geübt, außer dem großen X.

Vorlage 90 und 91: Schreibvorlagen in vereinfachter Ausgangsschrift.

Vorlage 92 und 93: Schreibvorlagen in lateinischer Ausgangsschrift.

ENTE

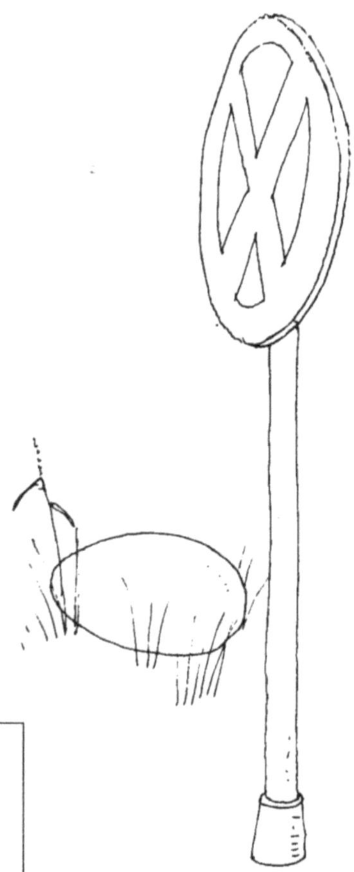

EI

ENTE

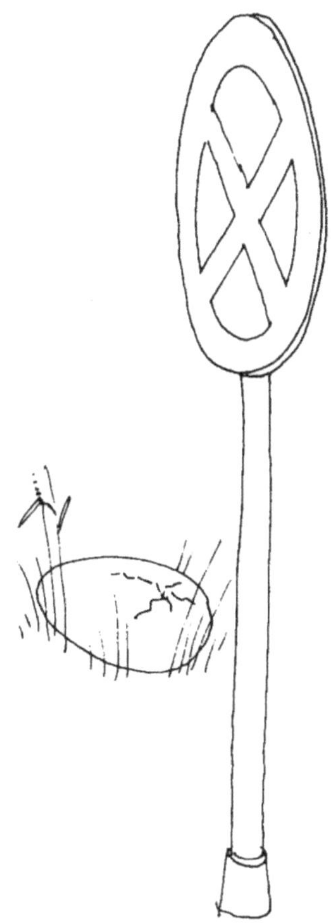

EI

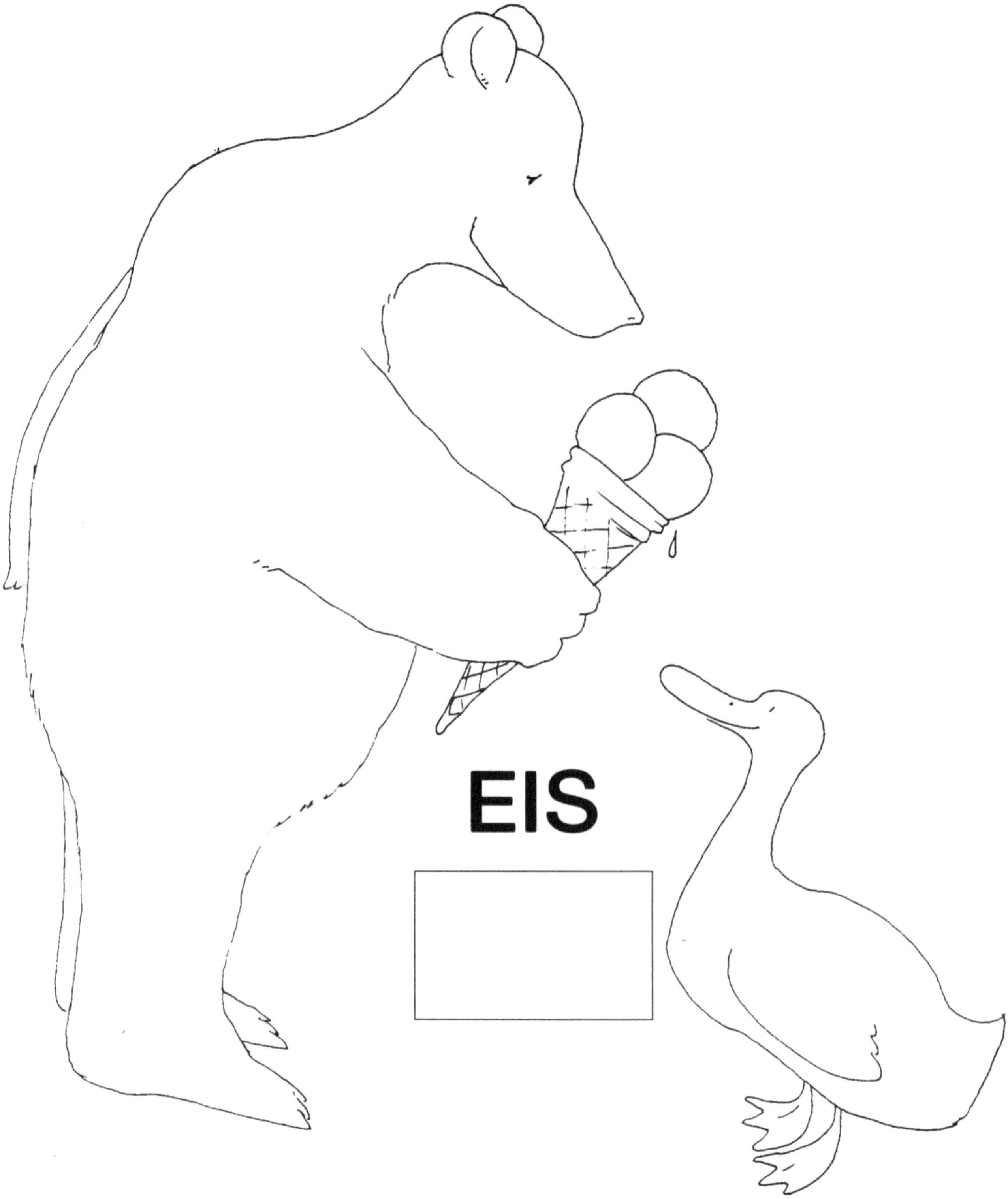

EIS

BÄR

ENTE

AUTO

BAUM

MAUS

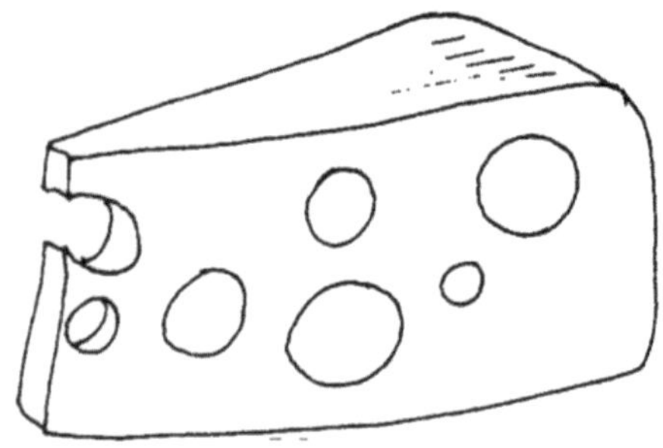

MAUS

KÄSE

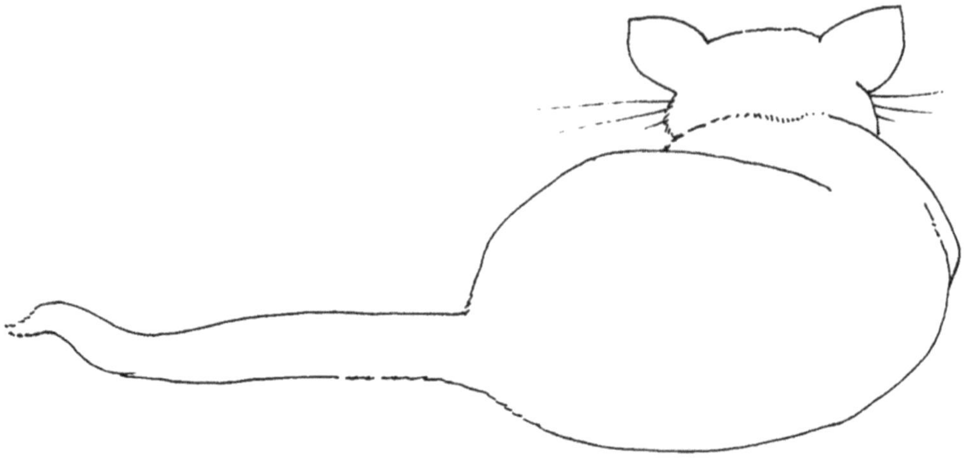

KATZE

B

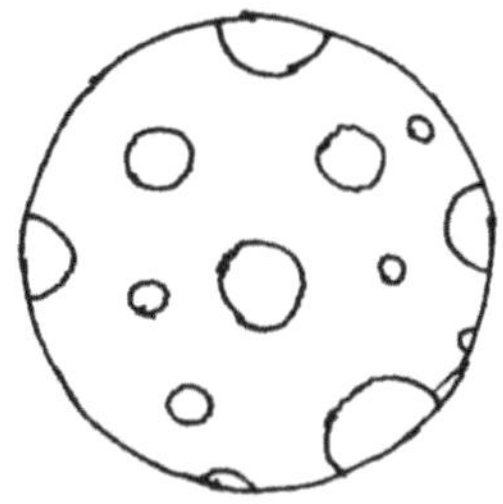

BALL

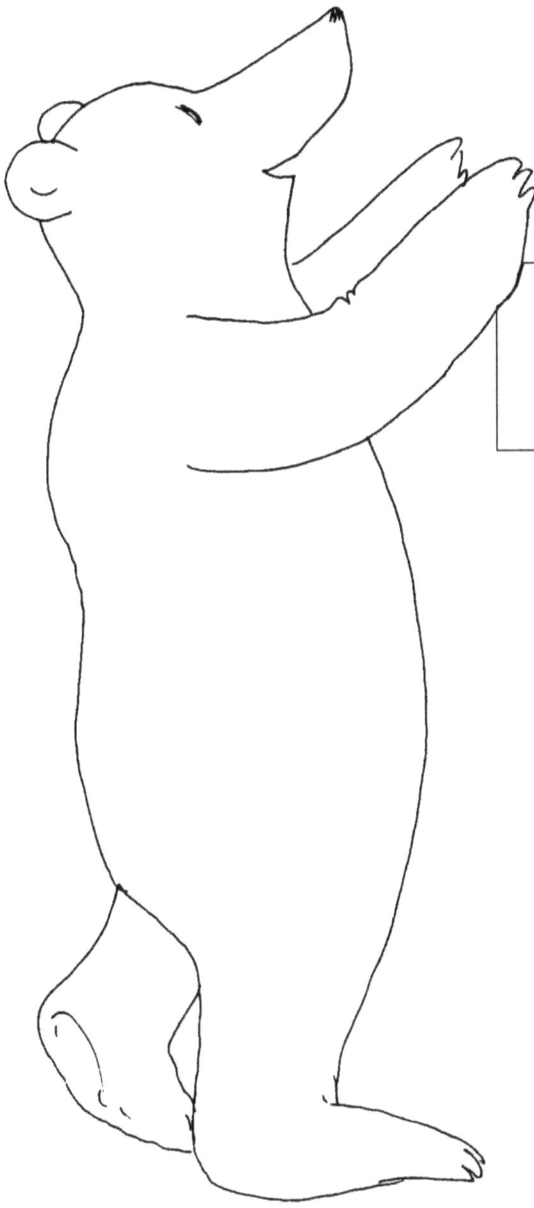

BÄR

BLUME

H

HAUS

HUND

HASE

K

KÄFER

SCHNECKE PILZ

TELLER

T

FISCH

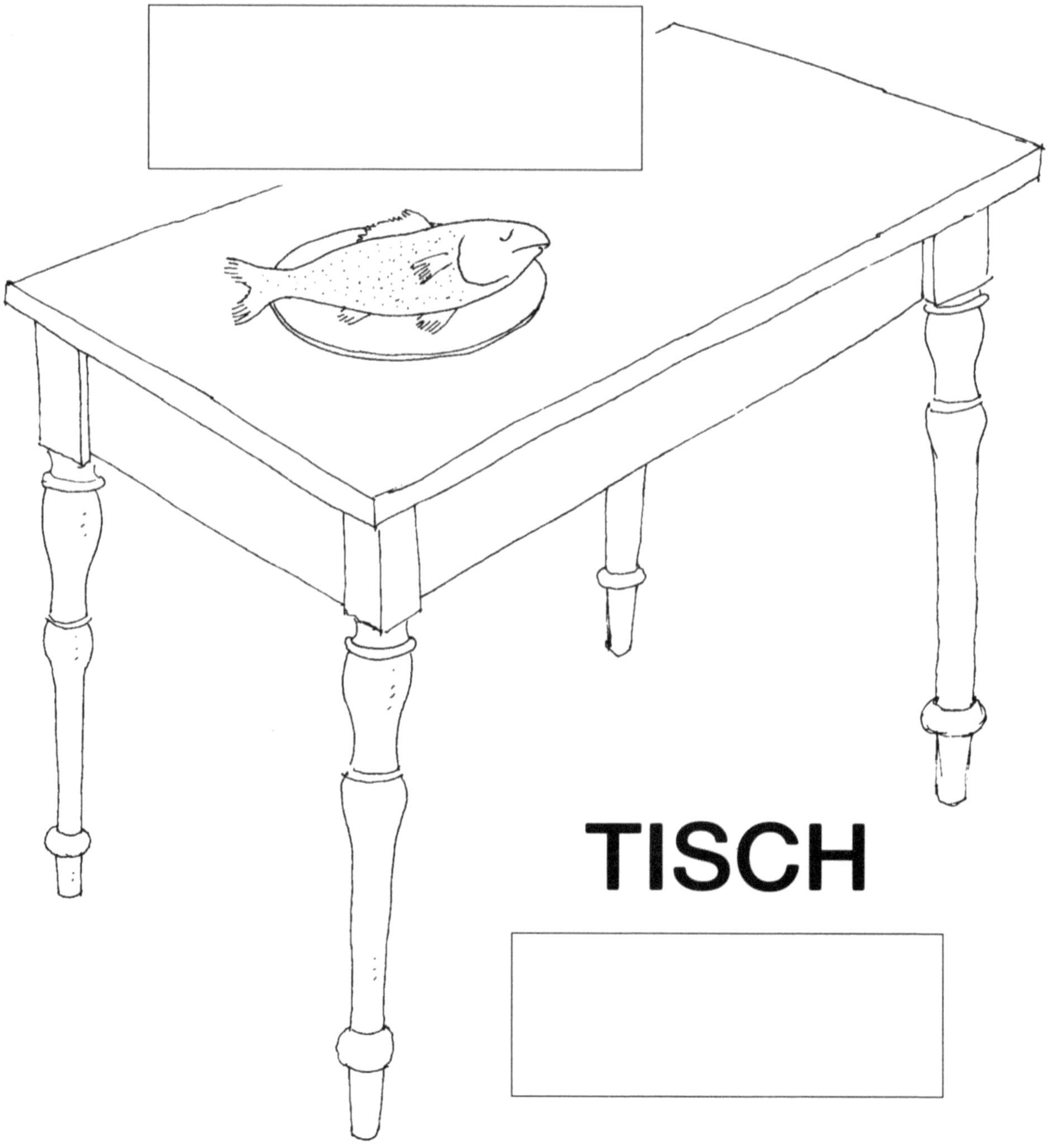

TISCH

SCH

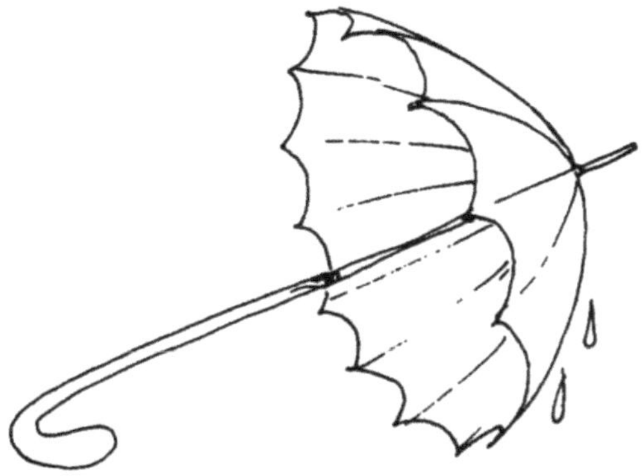

SCHIRM

EIMER

FISCH

MUTTER

KIND

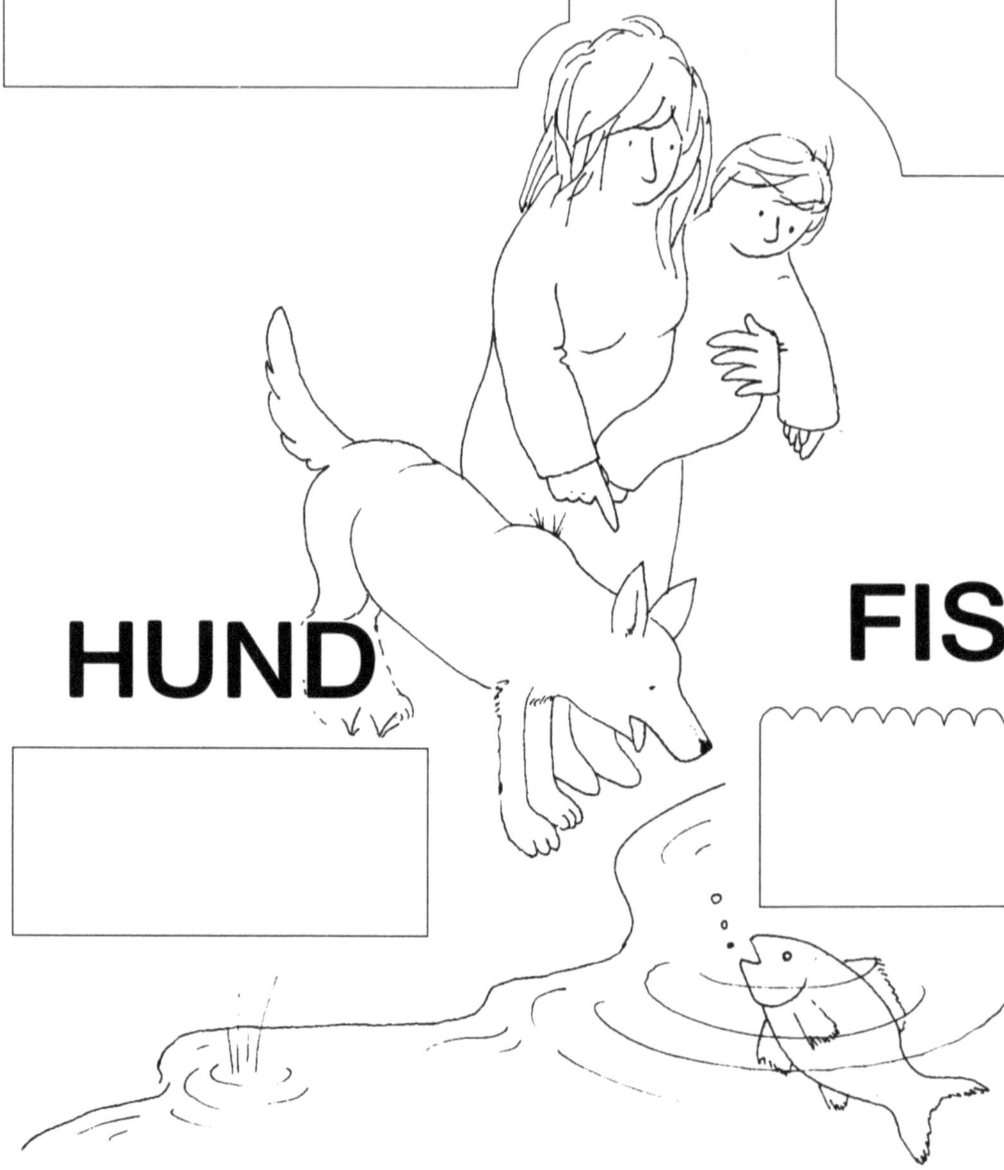

HUND

FISCH

W

VOGEL

WASSER

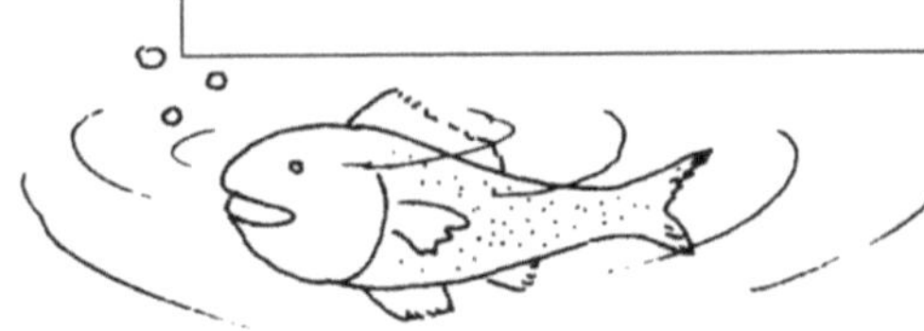

FLASCHE

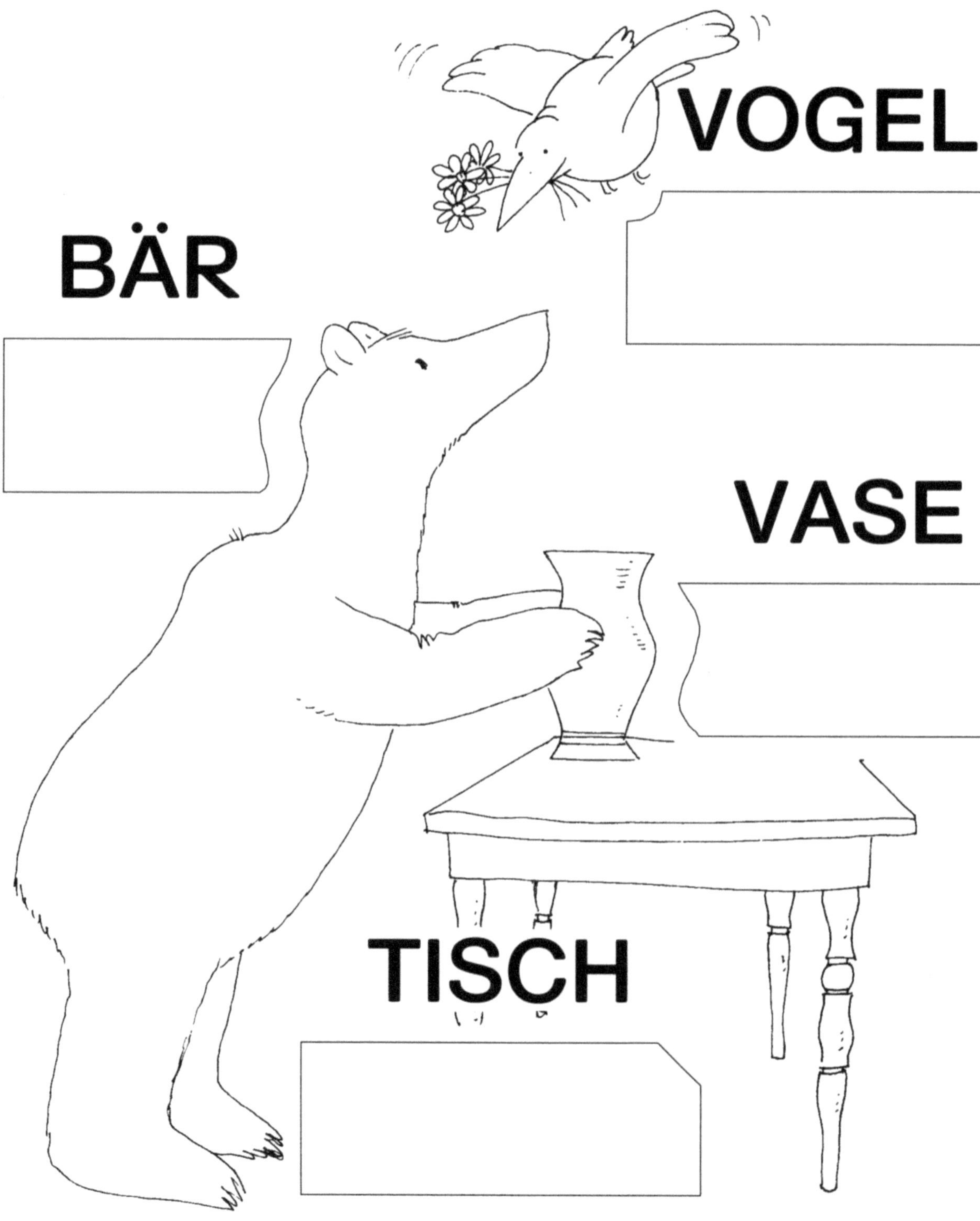
VOGEL
BÄR
VASE
TISCH

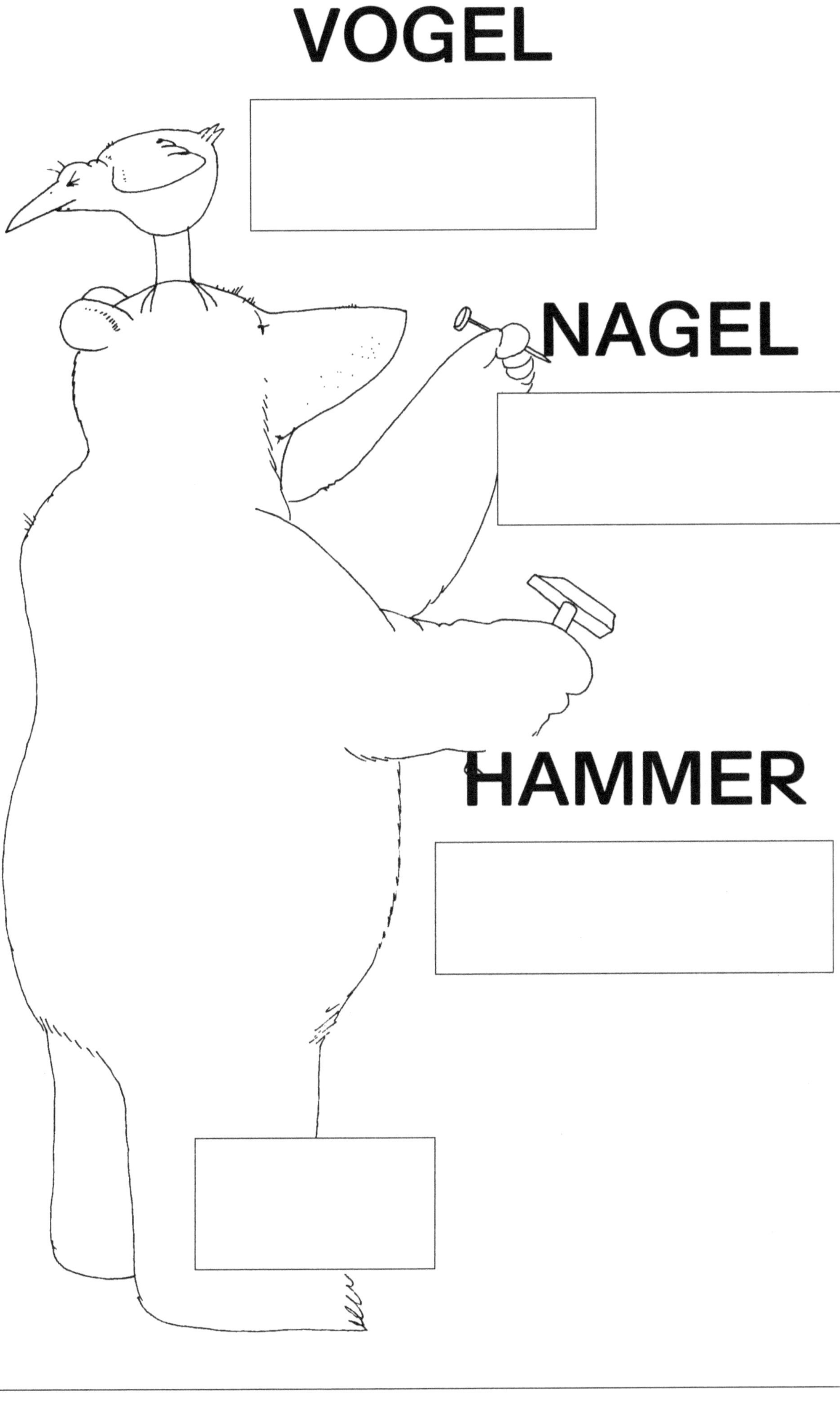
VOGEL
NAGEL
HAMMER

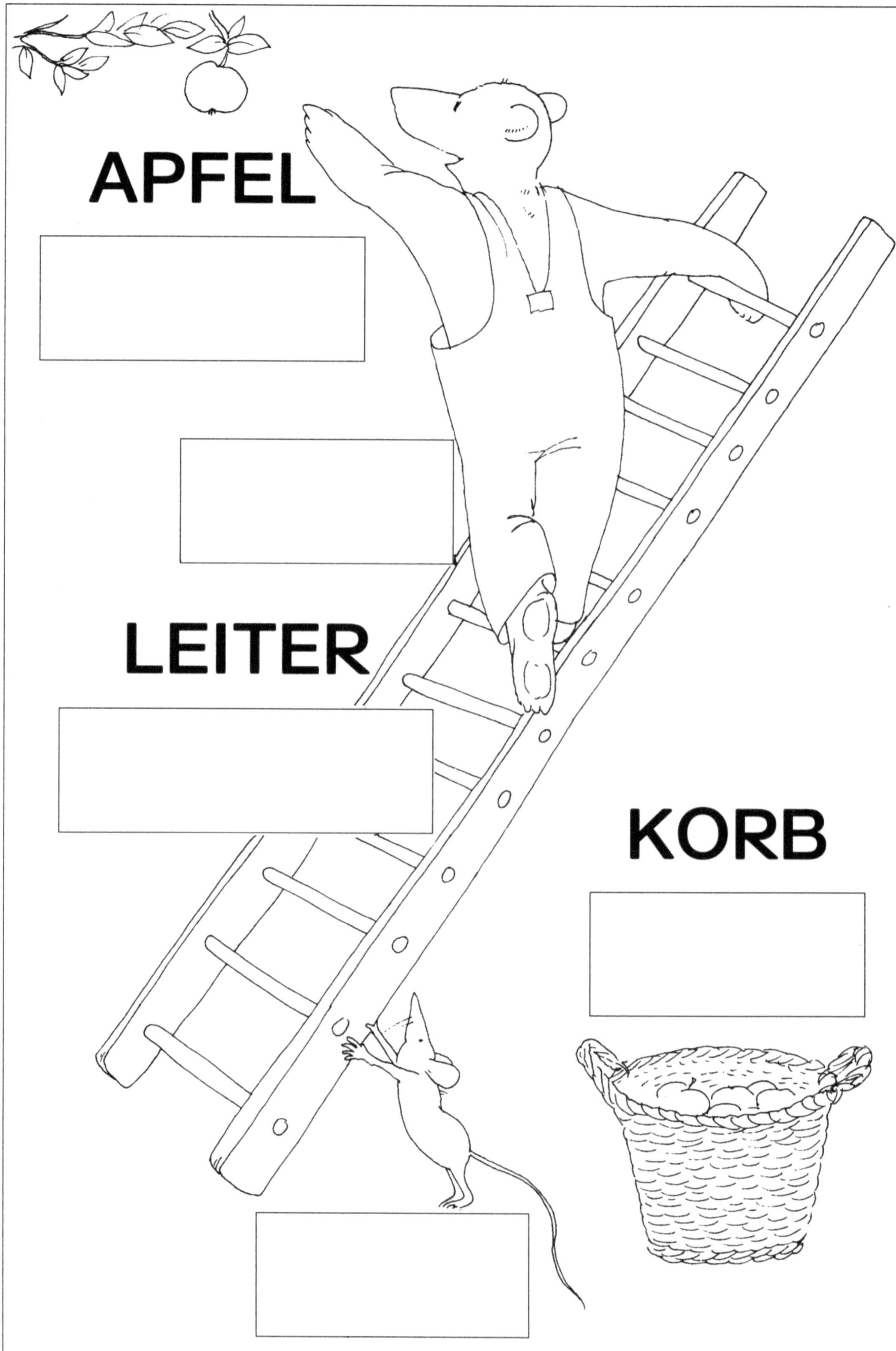
APFEL
LEITER
KORB

PF

G

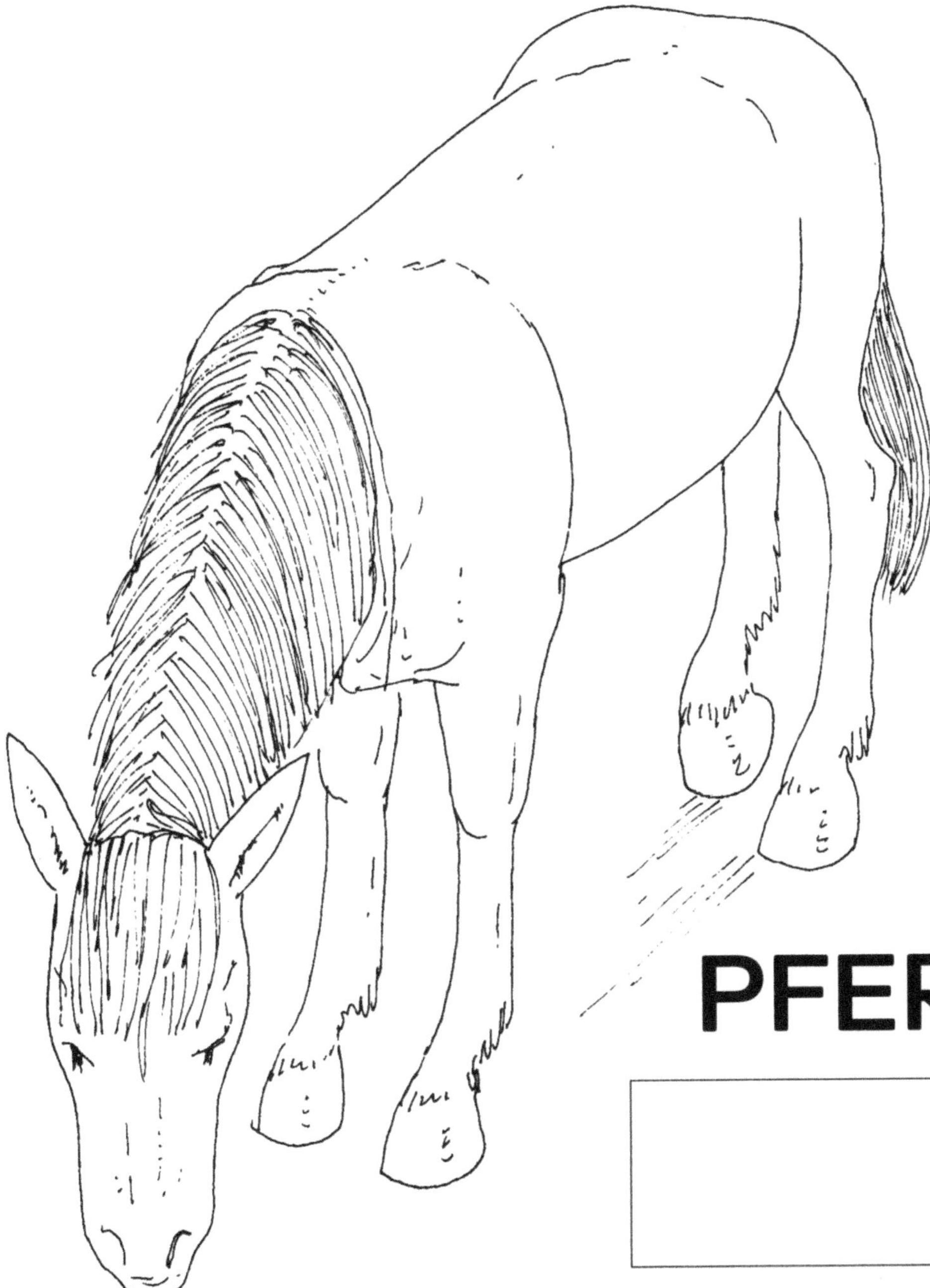

PFERD

APFEL

GRAS

BÄR

EIS

ENTE

LEITER

EIMER

APFEL

PFERD

HUND

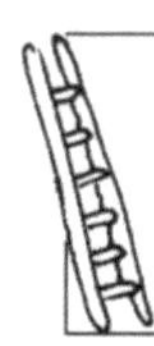

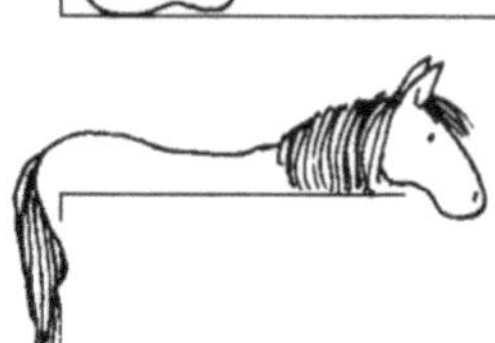

CH

WURM

VOGEL

LOCH

HUHN

NN

BÄR

EI

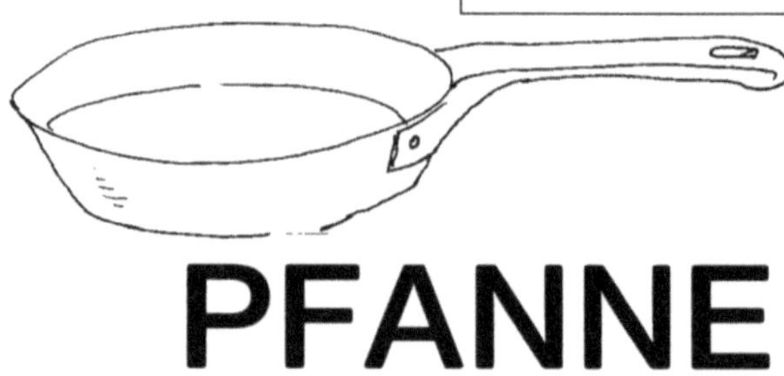

PFANNE

ST

PFANNE

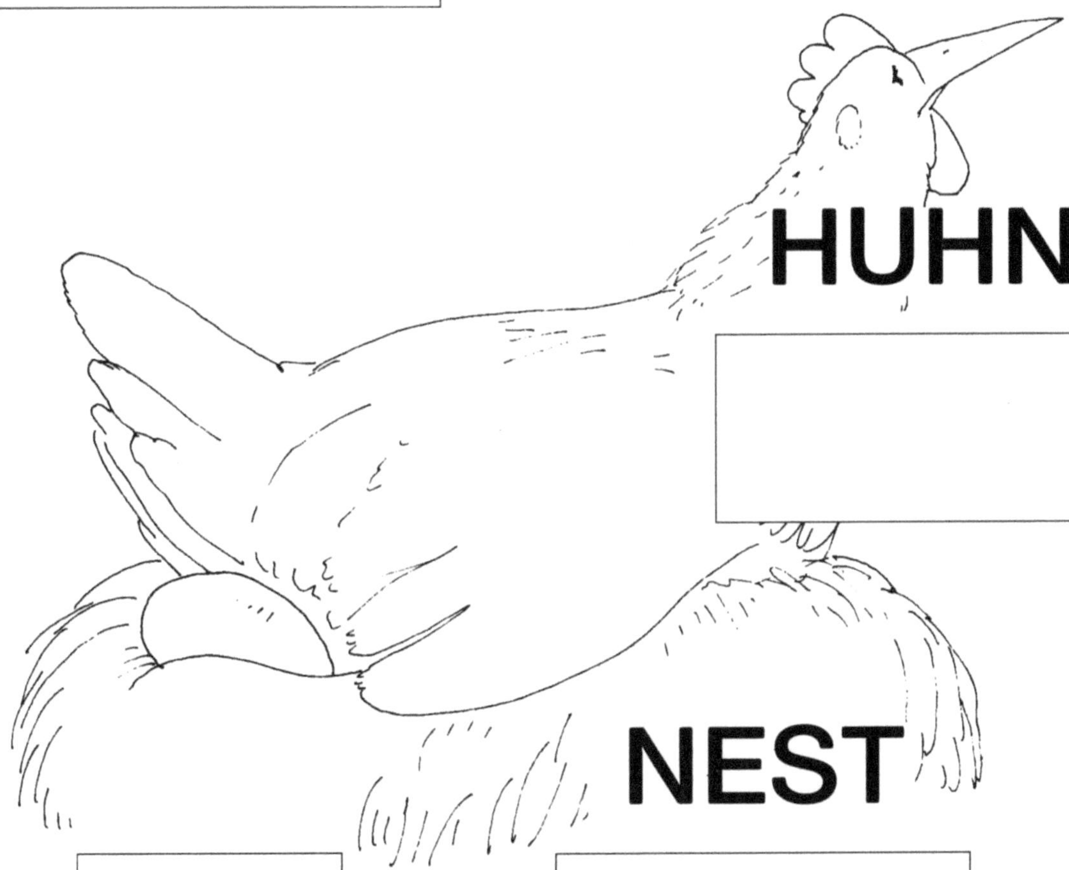

HUHN

NEST

NEST

GRAS

X

TAXI

TELEFON

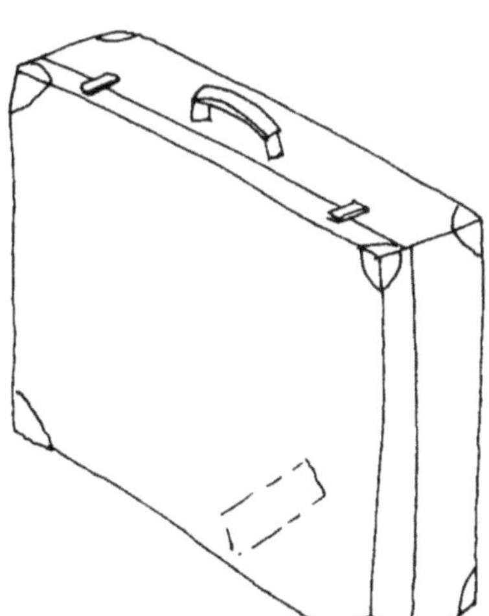

KOFFER

EI

EIS

EIMER

POLIZEI

FISCH

BÄR

BALL

BLUME

ENTE

KÄFER

MAUS

HUND

D

DECKEL

TOPF

DOSE

DACKEL

CH

HUND

ZWEI

ENTEN

ENTE

ENTCHEN

GRAS

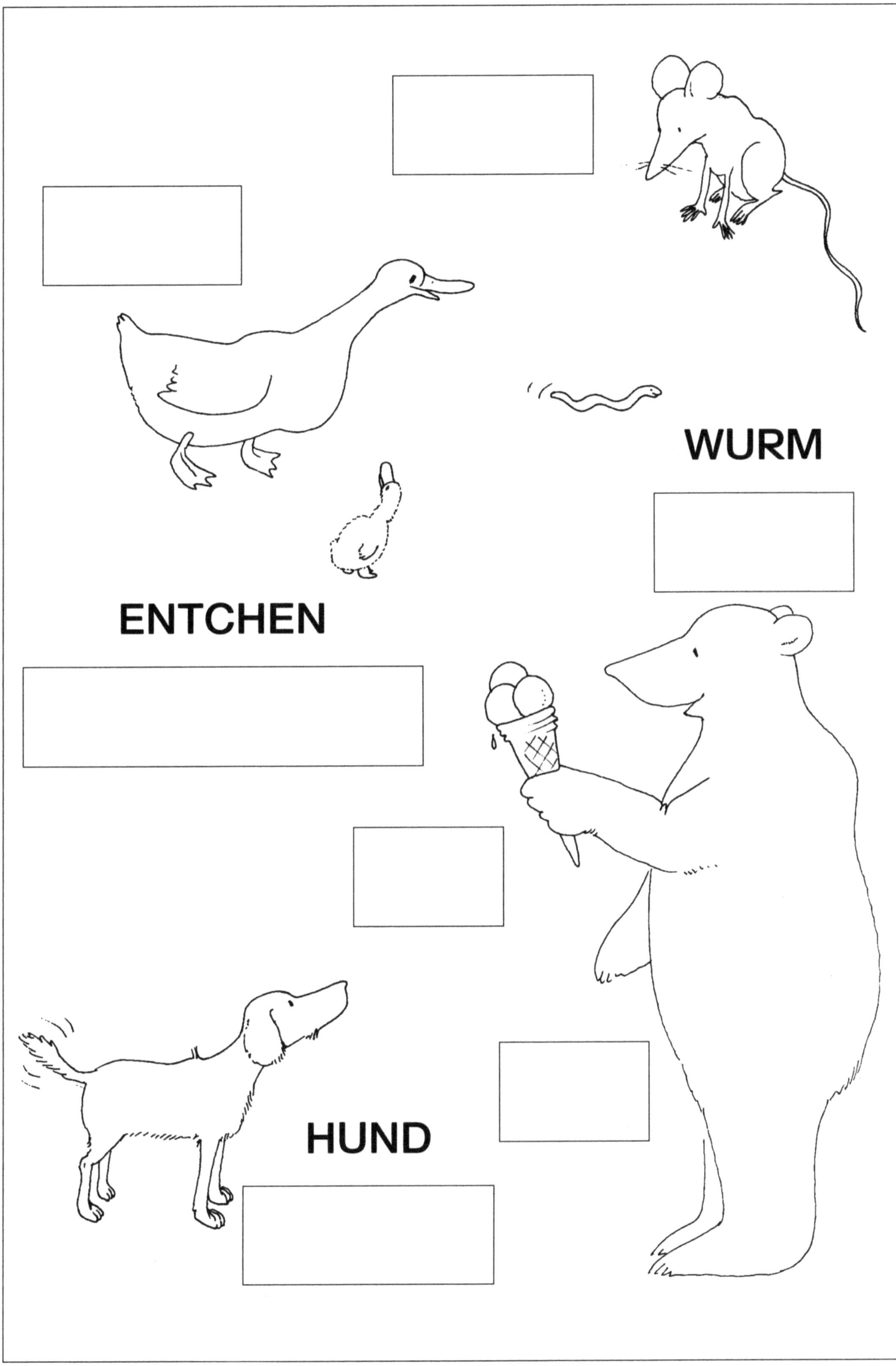
WURM
ENTCHEN
HUND

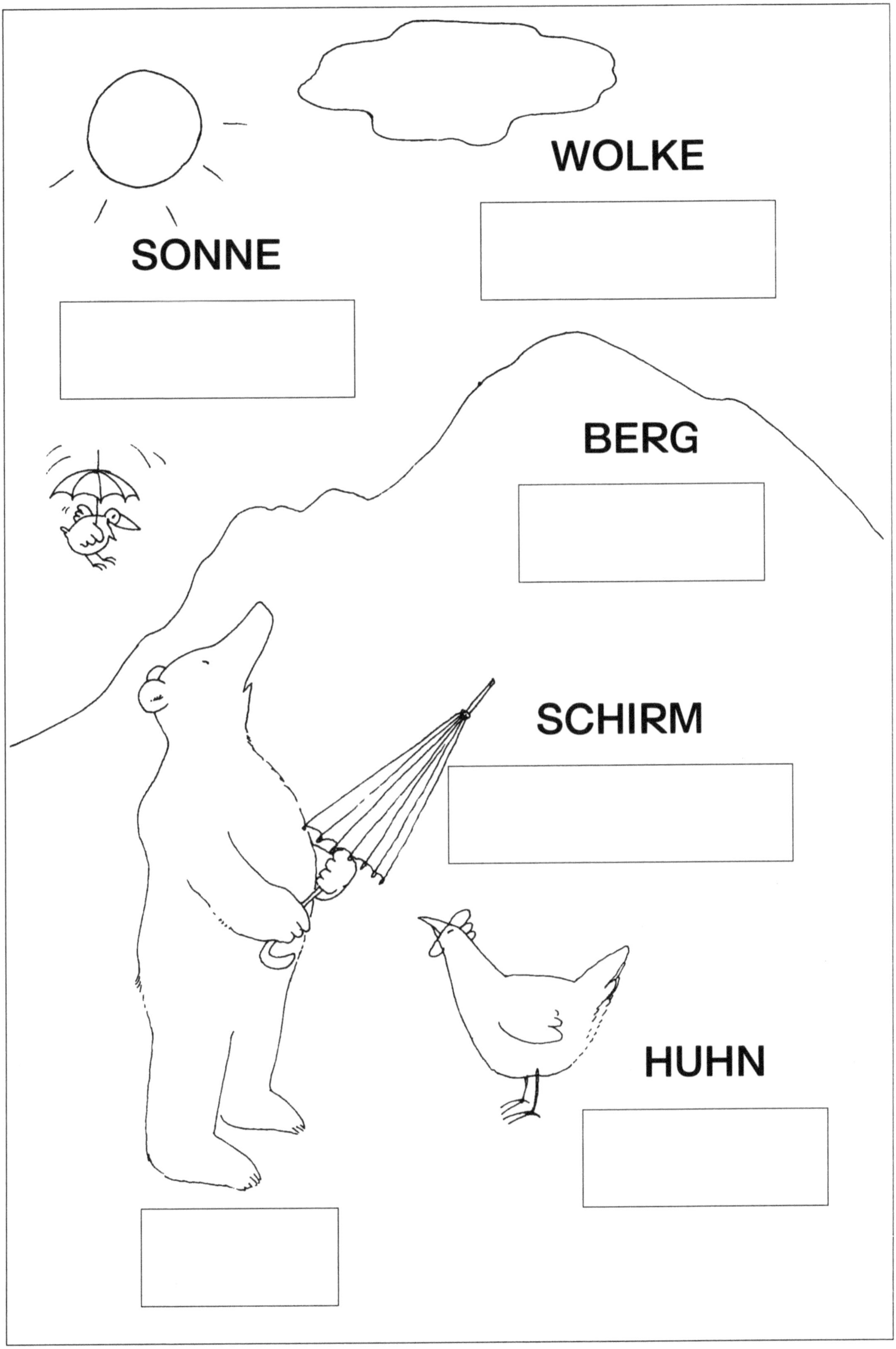
WOLKE
SONNE
BERG
SCHIRM
HUHN

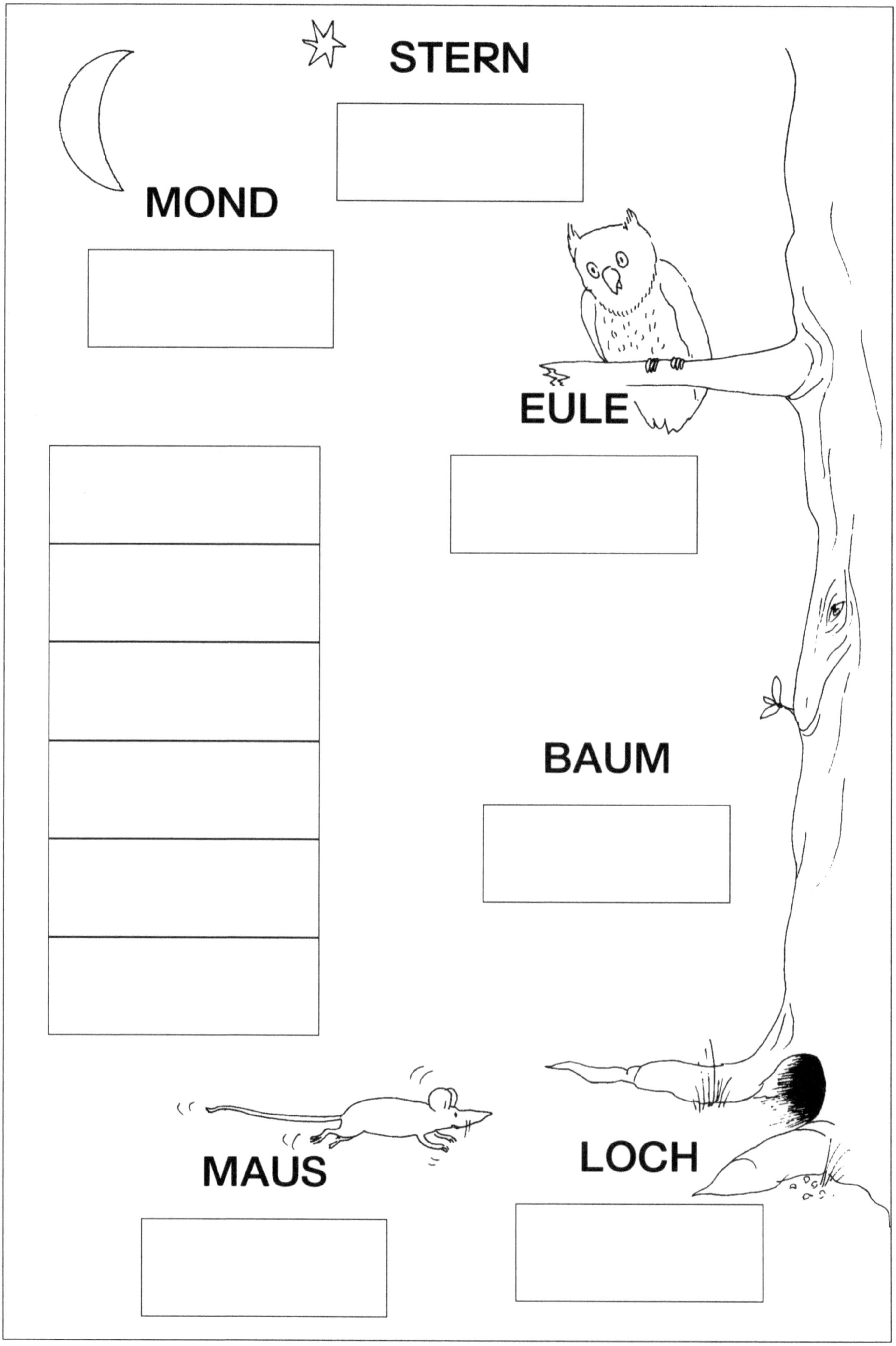
STERN
MOND
EULE
BAUM
MAUS
LOCH

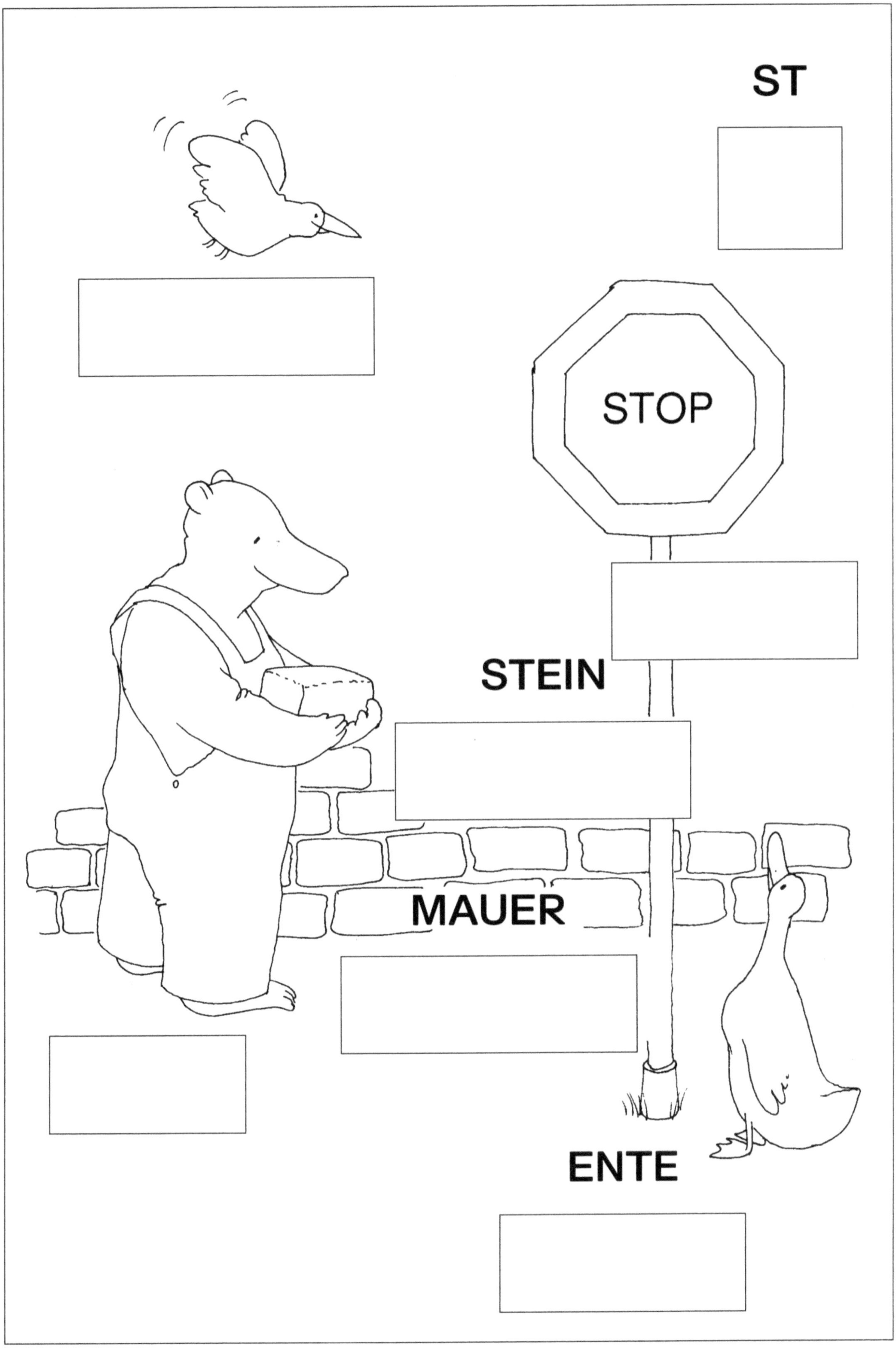
ST
STOP
STEIN
MAUER
ENTE

QU

QUALM

WURST

PFANNE

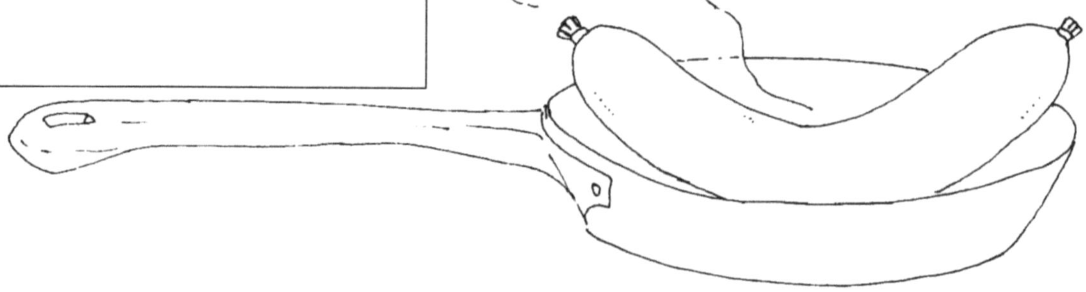

HUND

EU

QUALM

HAUS

FEUERWEHR

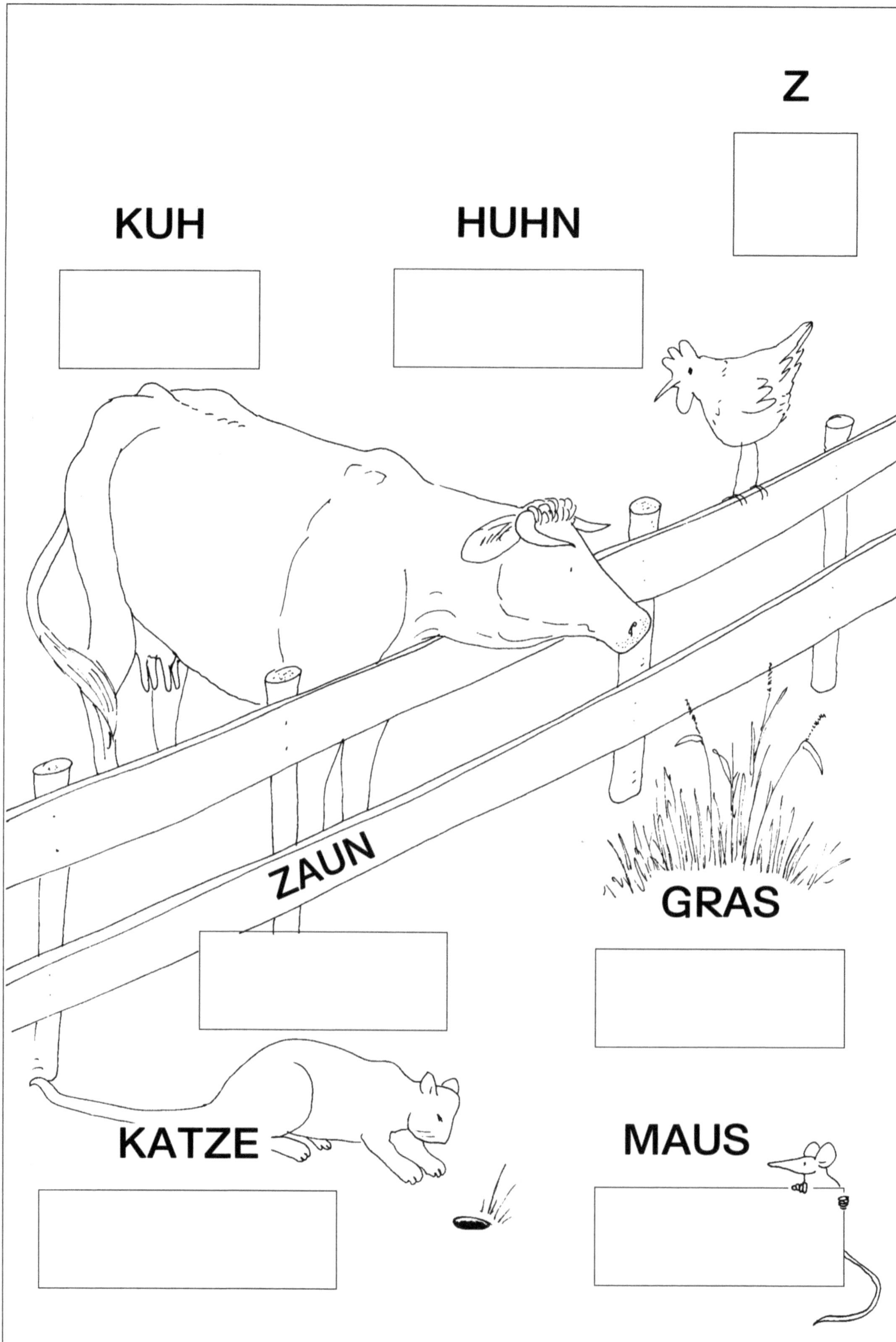
Z
KUH
HUHN
ZAUN
GRAS
KATZE
MAUS

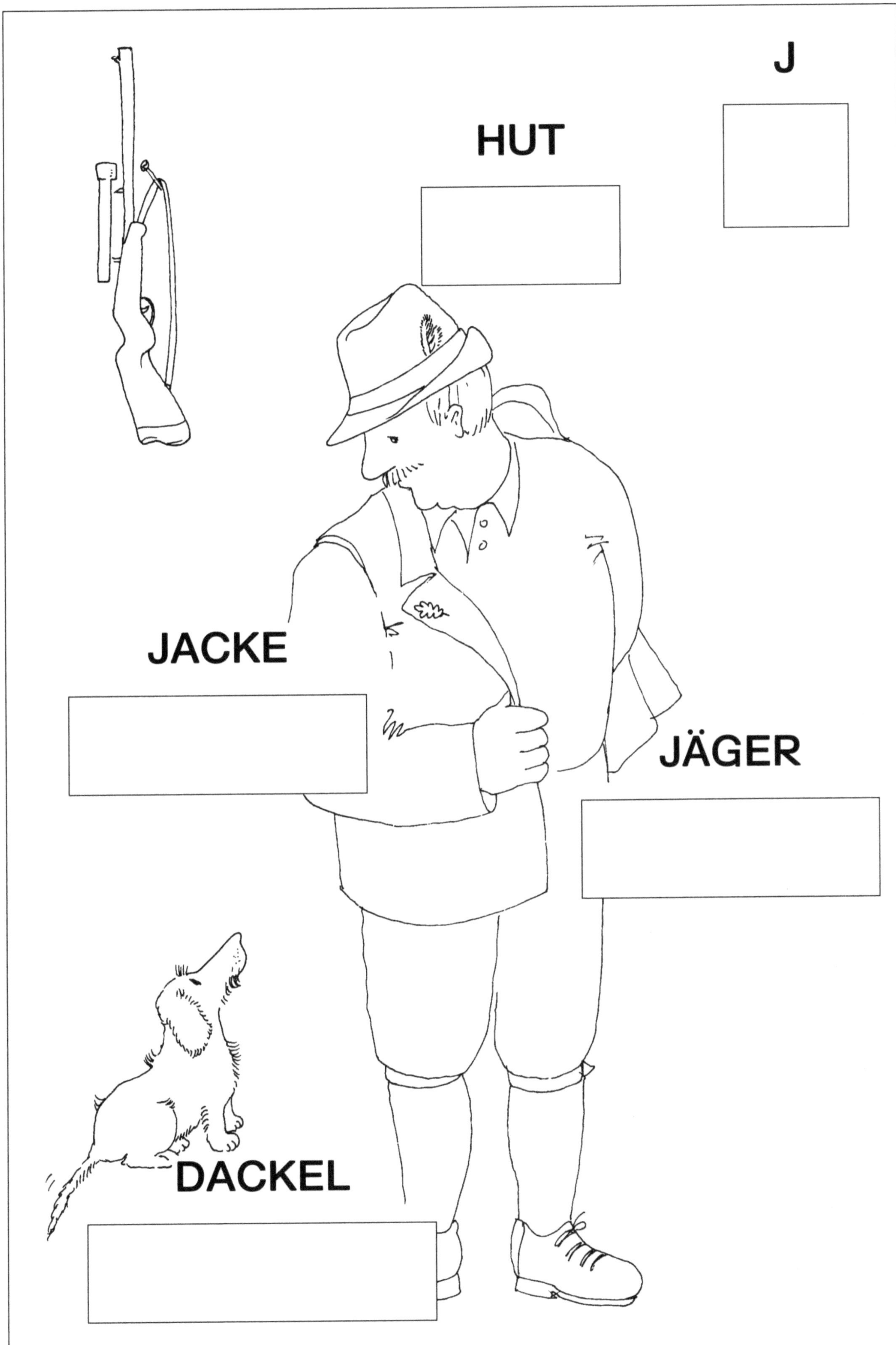
J
HUT
JACKE
JÄGER
DACKEL

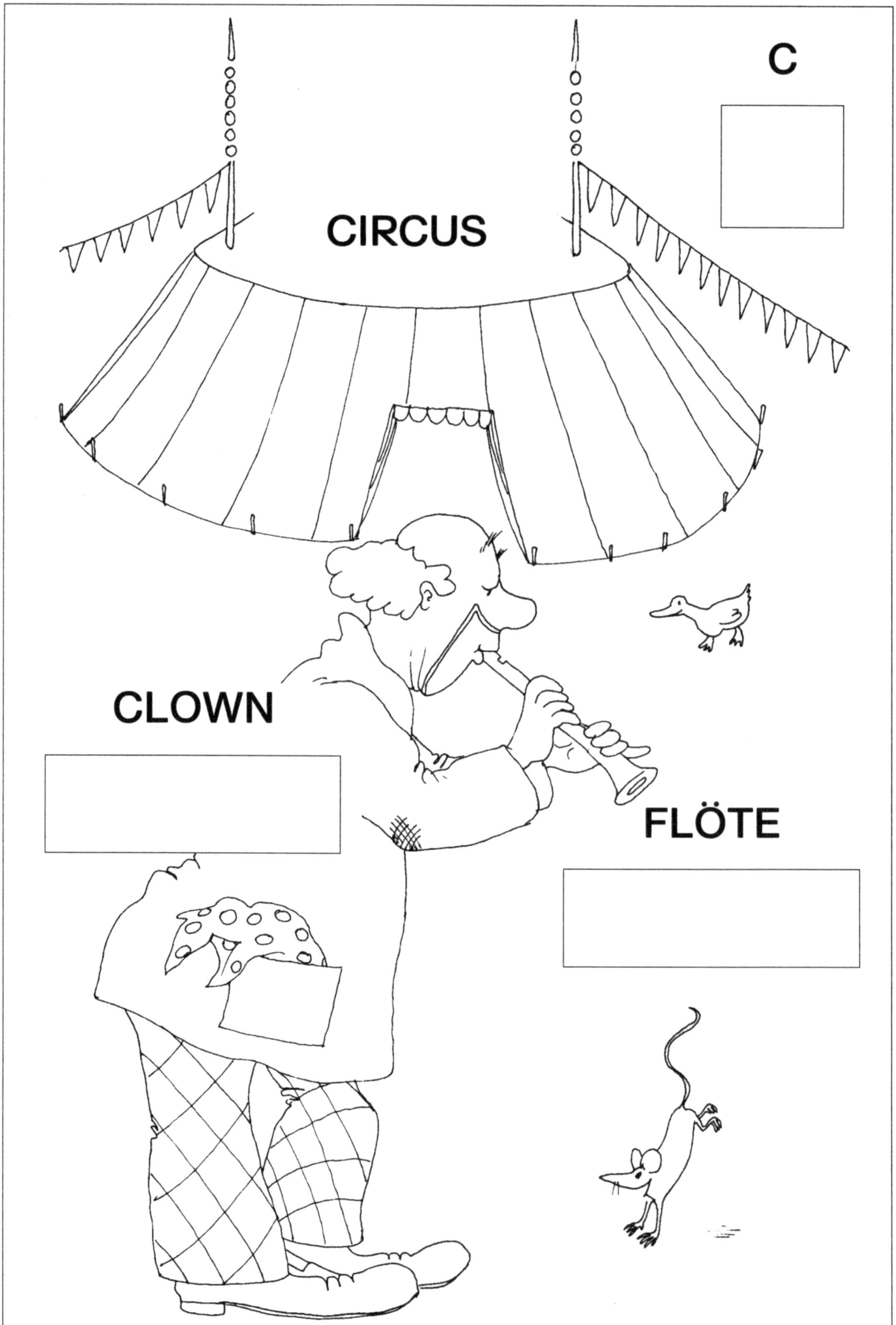
C
CIRCUS
CLOWN
FLÖTE

Y

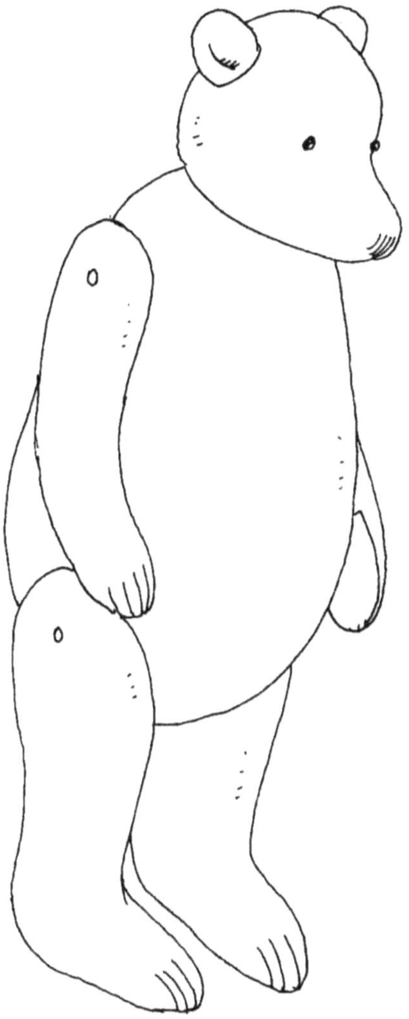

TEDDYBÄR

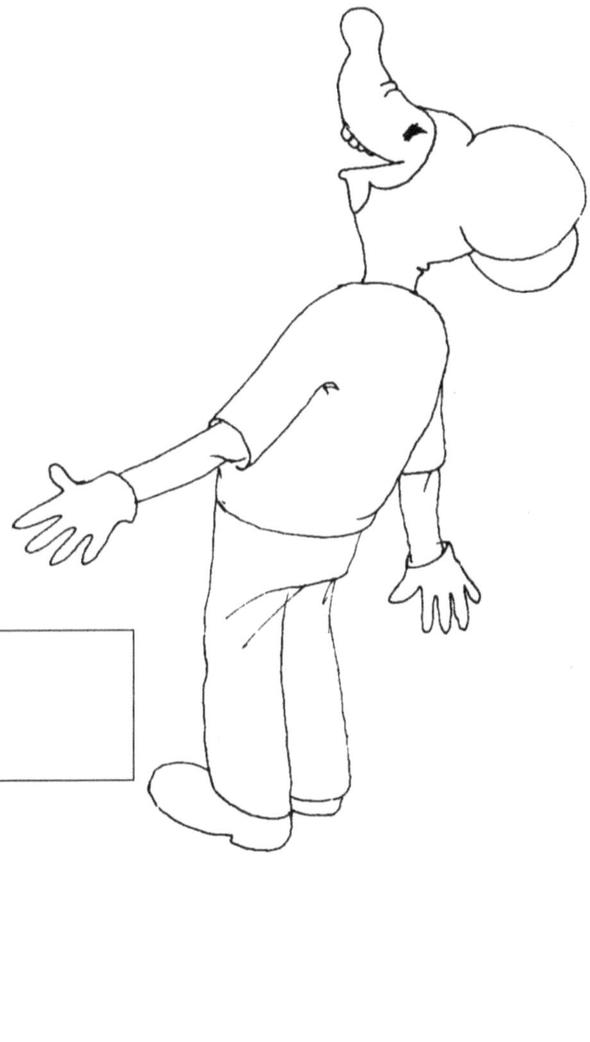

MICKYMAUS

WIPPE

HUHN

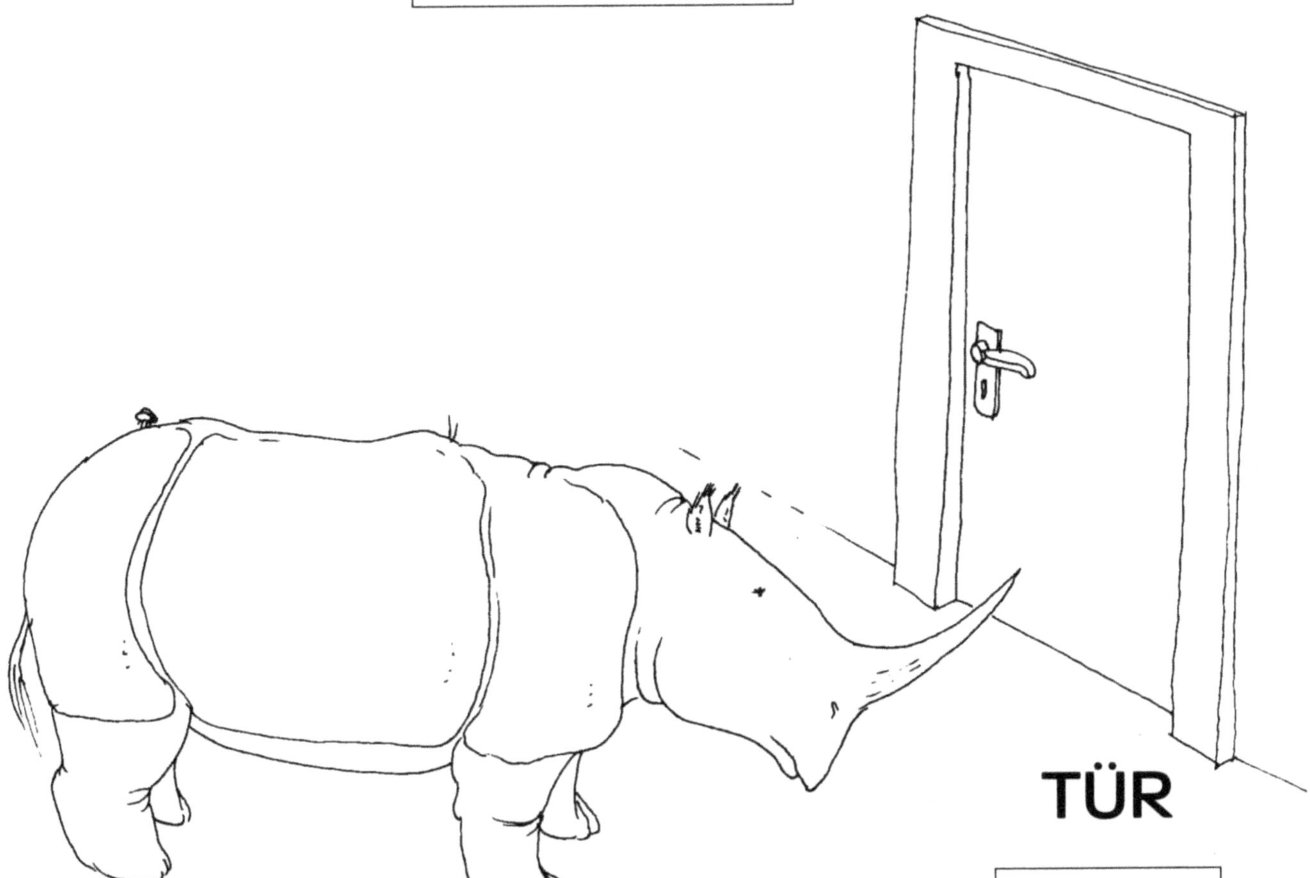

TÜR

NASHORN

ZOO
HUHN
TEDDYBÄR

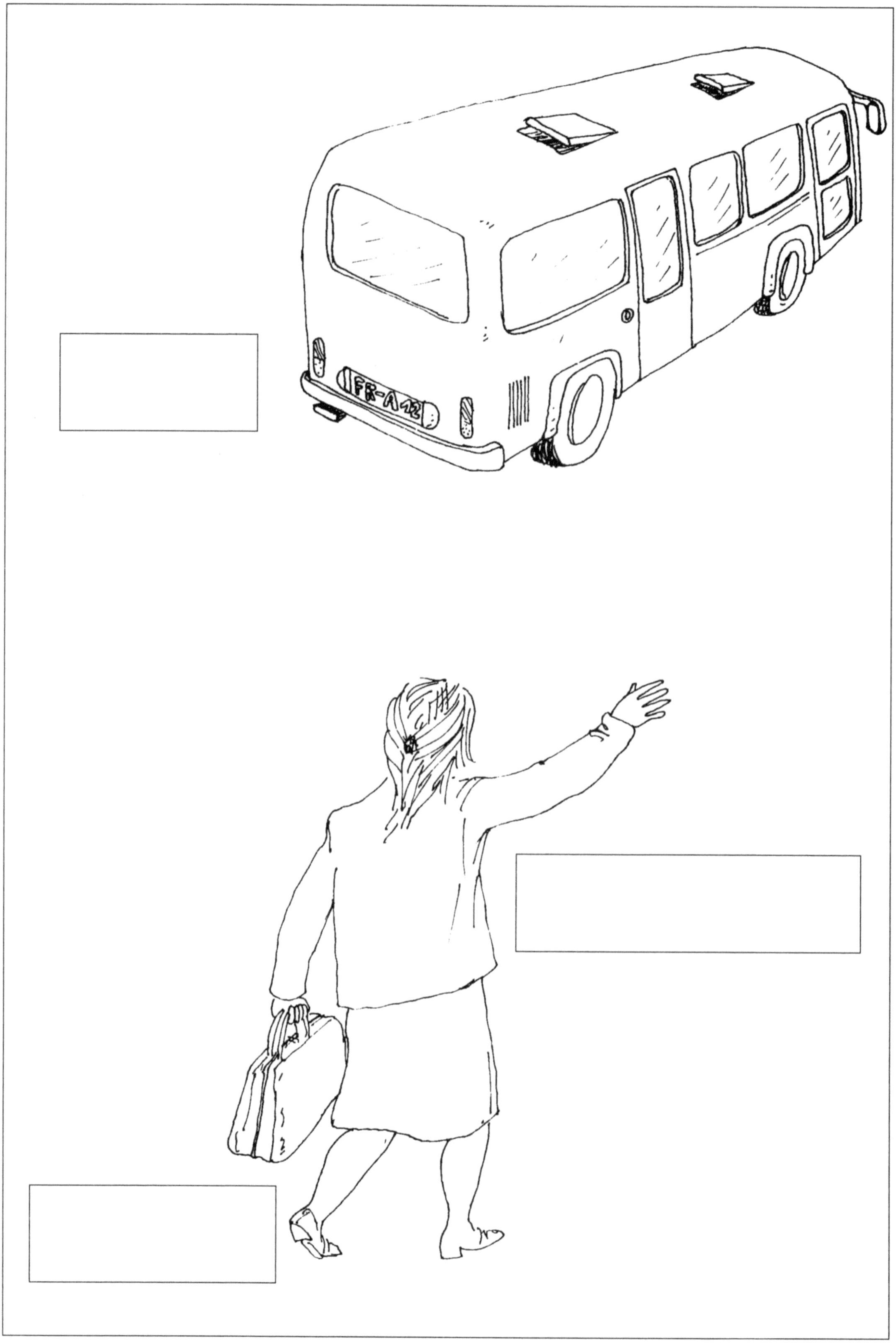
FR-A 12

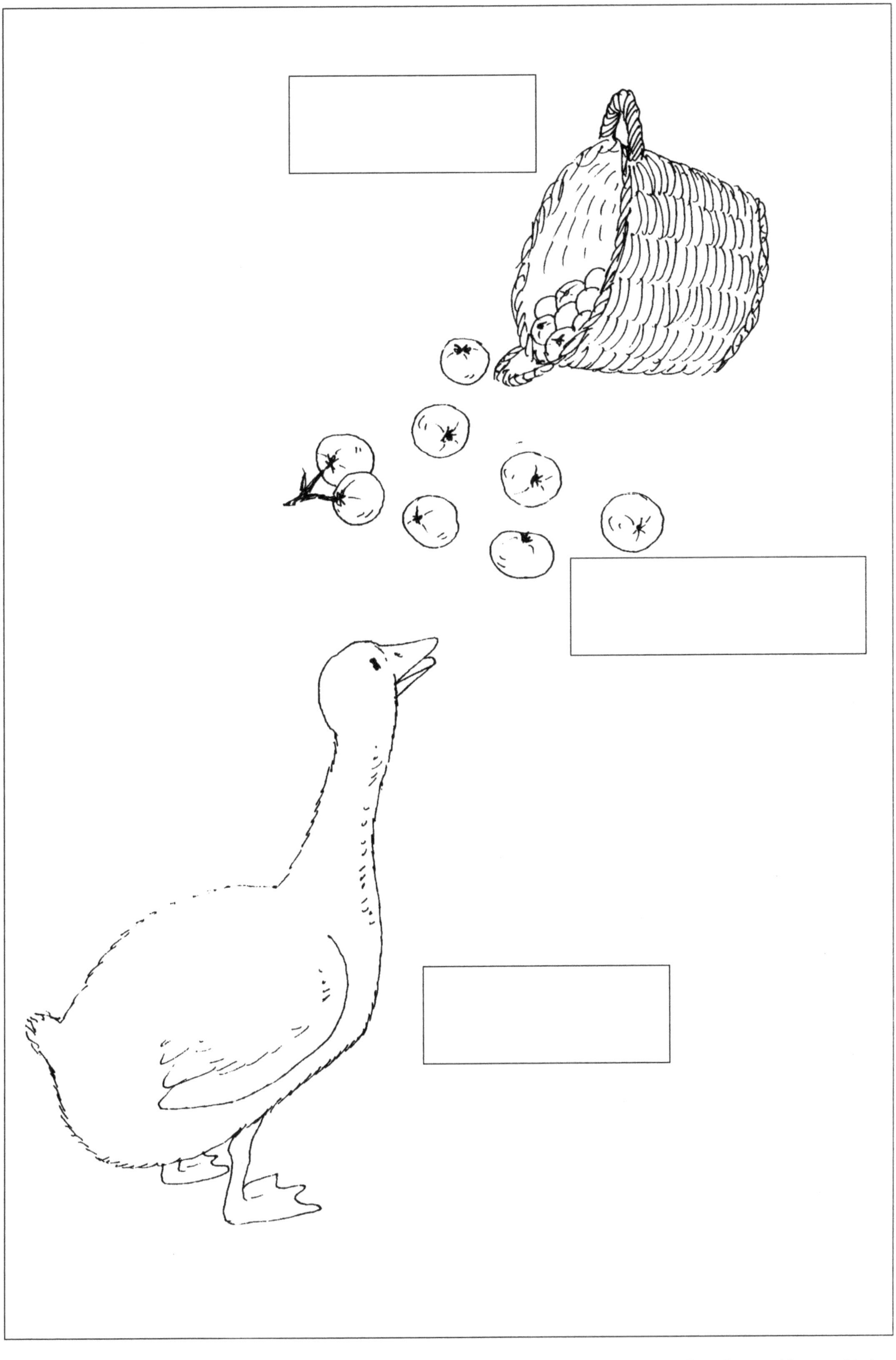

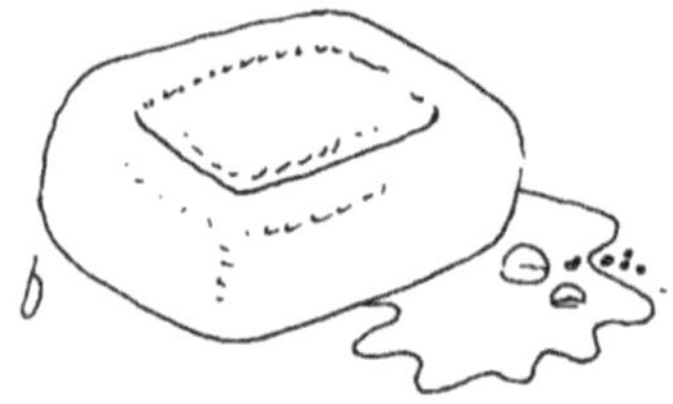
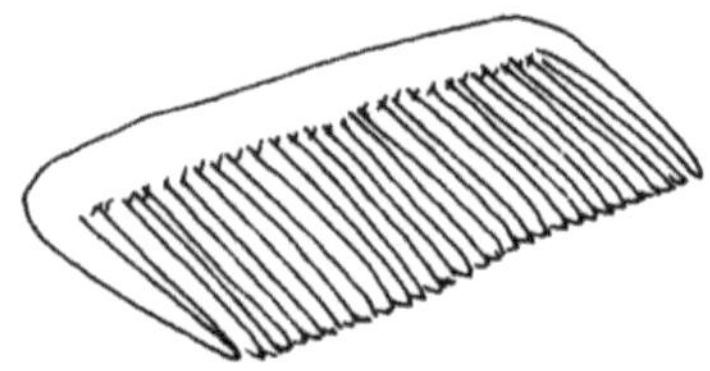

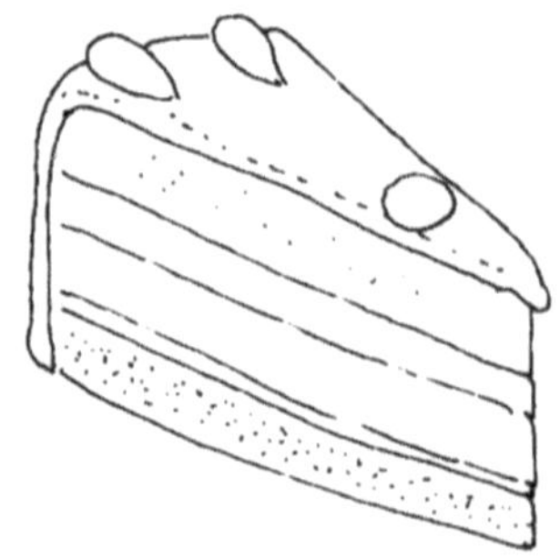

TORTE KAMM ESEL

SEIFE MANTEL SCHWEIN

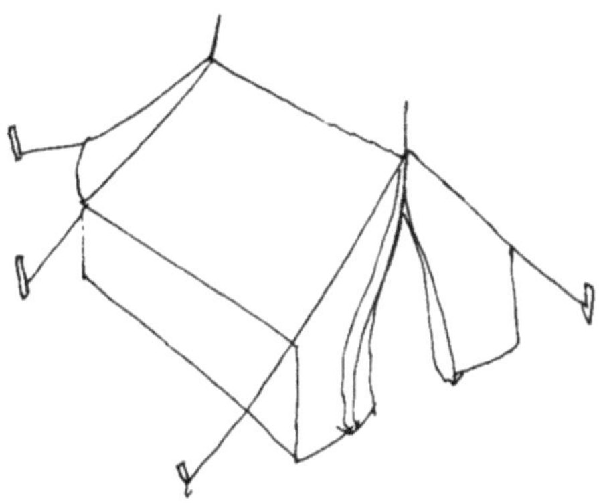 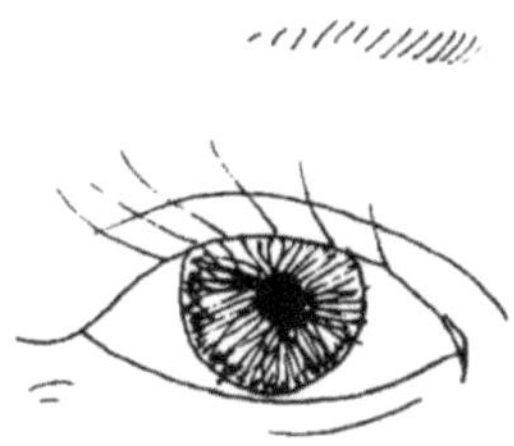 

RADIO FROSCH ZELT

AUGE KAMEL GABEL

SCHAF KUCHEN WOLKE

KERZE BANANE GLAS

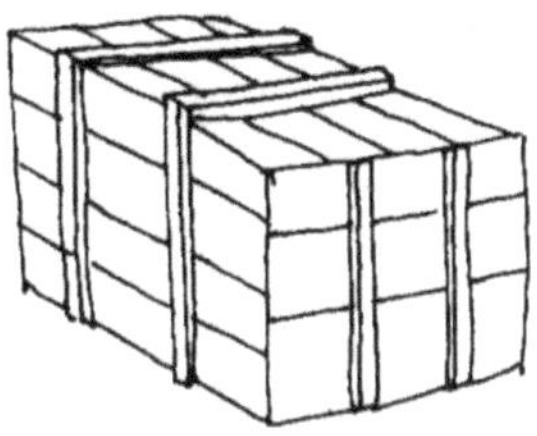
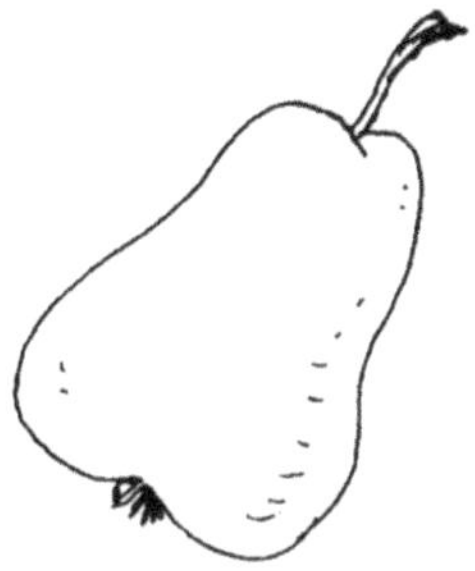

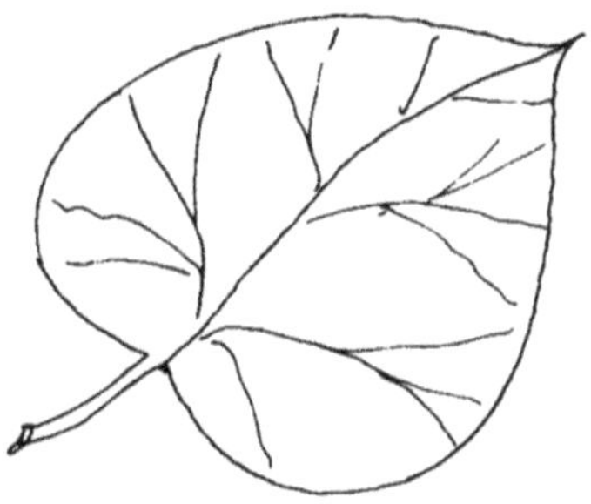
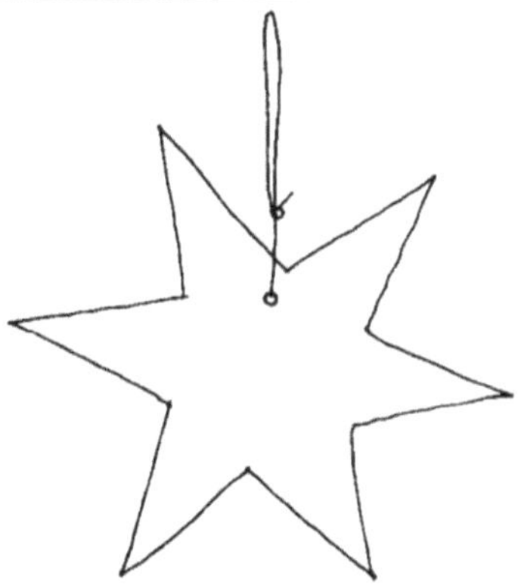
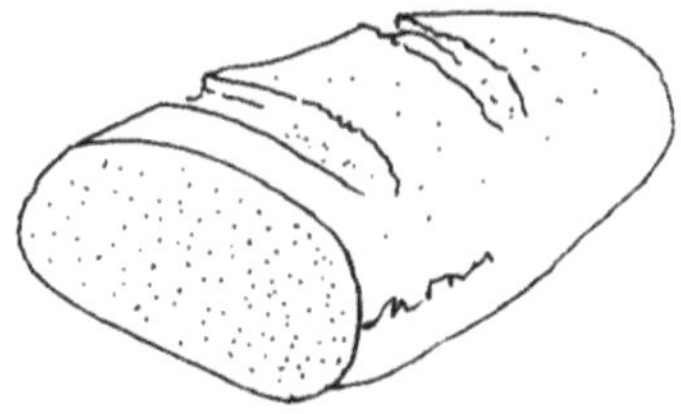

STERN IGEL KISTE

BROT BLATT BIRNE

SAFT

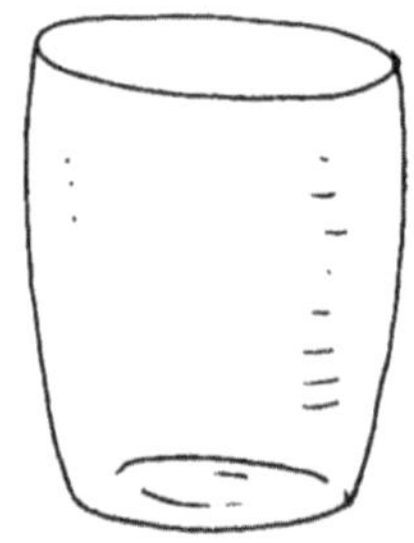

GLAS

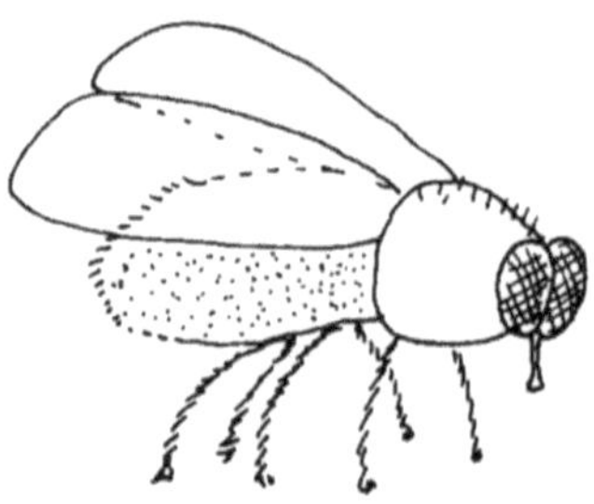

FLIEGE

Der Bär weint.

Der Bär lacht.

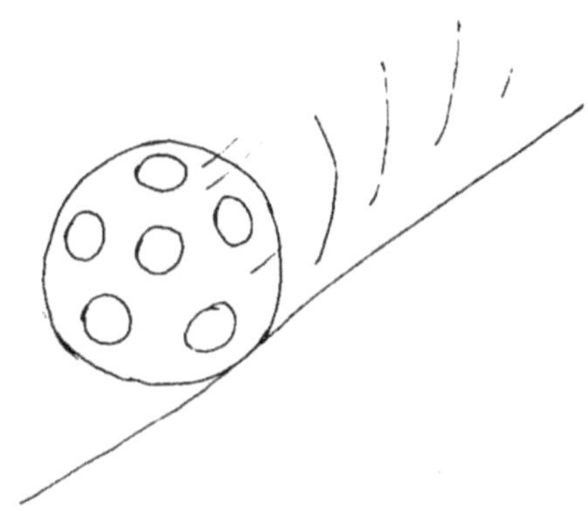

Der Ball rollt.

Der Vogel lacht.

Der Hund bellt.

Das Taxi kommt.

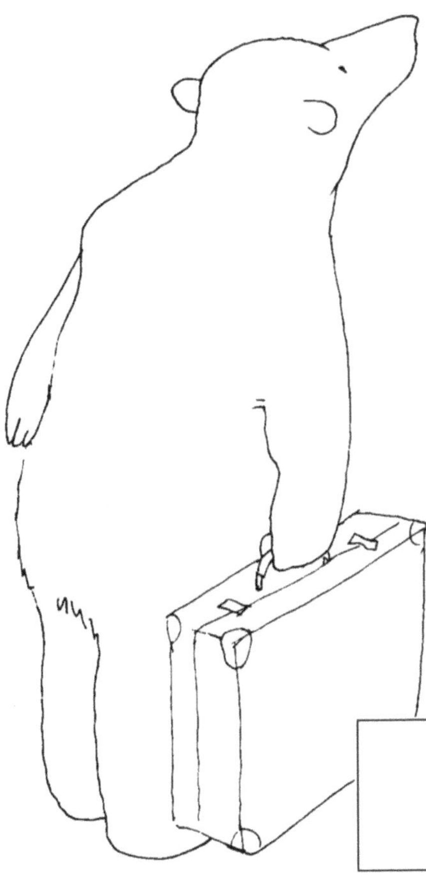

Der Bär wartet.

Der Vogel fliegt fort.

Der Bär wirft den Ball.

Die Maus lacht.

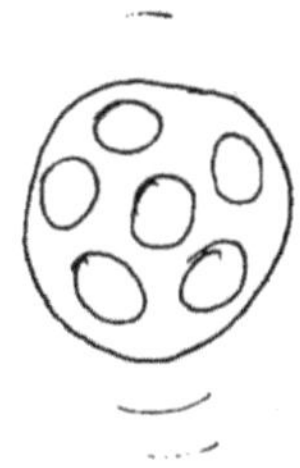

Der Ball hüpft.

Die Maus lacht.

Das Huhn legt ein Ei.

Die Katze wartet.

Die Maus ist im Loch.

Die Katze hat keinen Hunger.

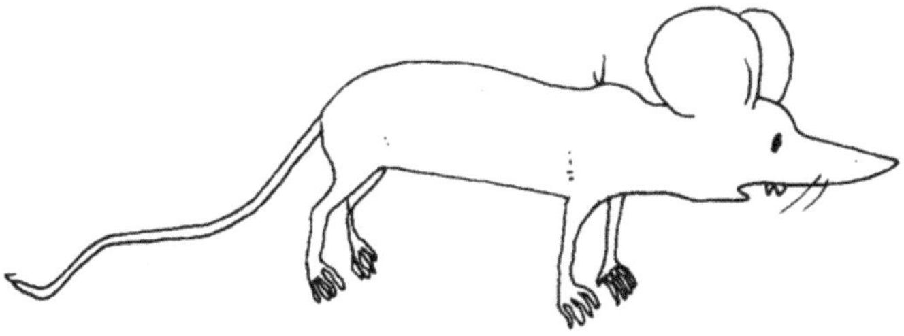

Die Maus hat Hunger.

Der Bär malt ein Haus.

Die Maus malt ein Auto.

Wolle

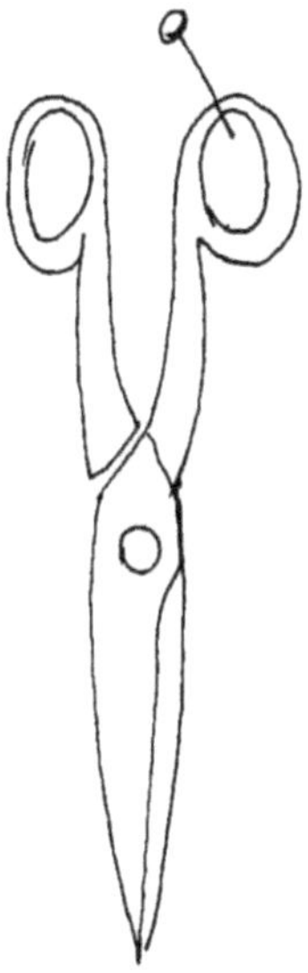

Schere

Schaf

Pullover

Das Schaf ist froh.

Johannes hat ein Schiff.

Franziska hat ein Auto.

Es ist kalt.

Die Mütze ist rot.

Die Nase ist rot.

Der Schal ist blau.

Das Mädchen hat eine blaue Hose.

Die Jacke ist rot.

Der Ball ist gelb.

Der Bär malt.

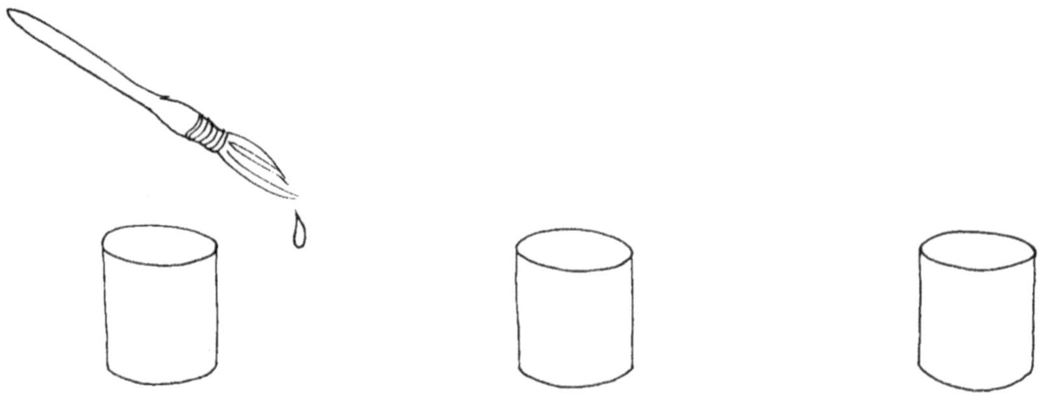

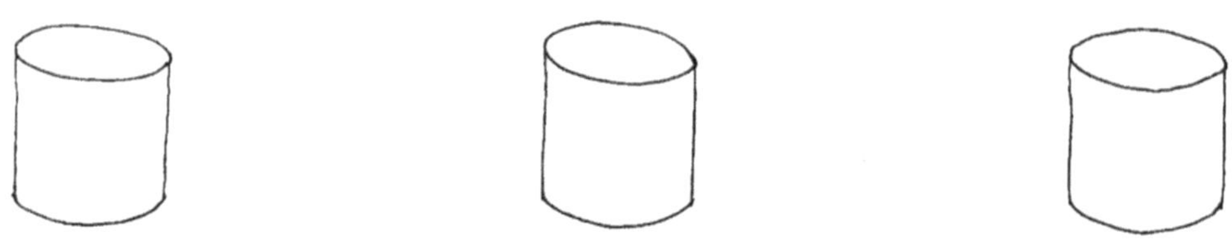

rot gelb blau lila grün braun

Diana und Vanessa spielen.

Mehmet und Sophia schreiben.

Jessica und Ulrike malen.

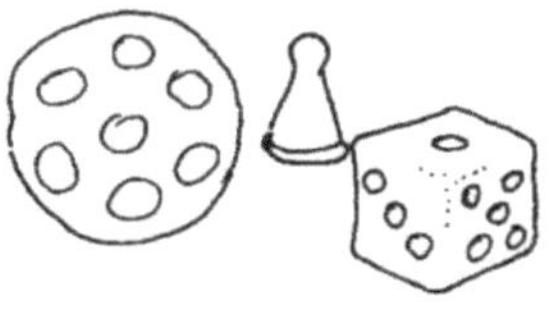

spielen

malen

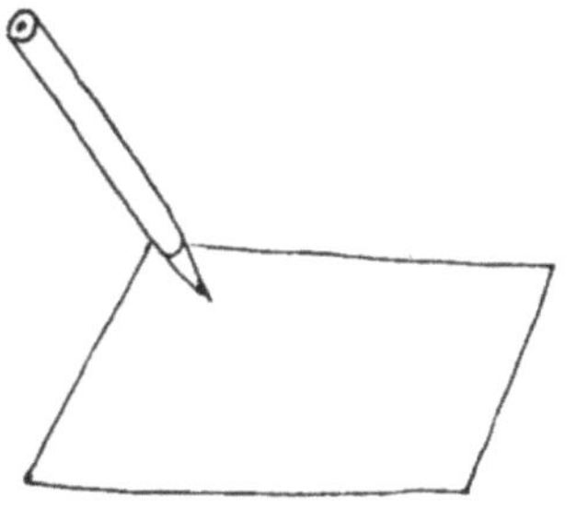

schreiben

Das Schwein quiekt.

Der Frosch quakt.

Die Biene heißt Maja.

Sie gibt dem Käfer Honig.

Die Mutter von Mehmet

backt Fladenbrot.

Mehmet trinkt Tee.

Der Vogel hat Hunger.

Wir legen Körner ans Fenster.

Jetzt kommen acht Vögel.

Im Keller ist eine Maus.

Sie hat einen Apfel angebissen.

Der Vater ist nicht froh.

Der Bär macht Winterschlaf.

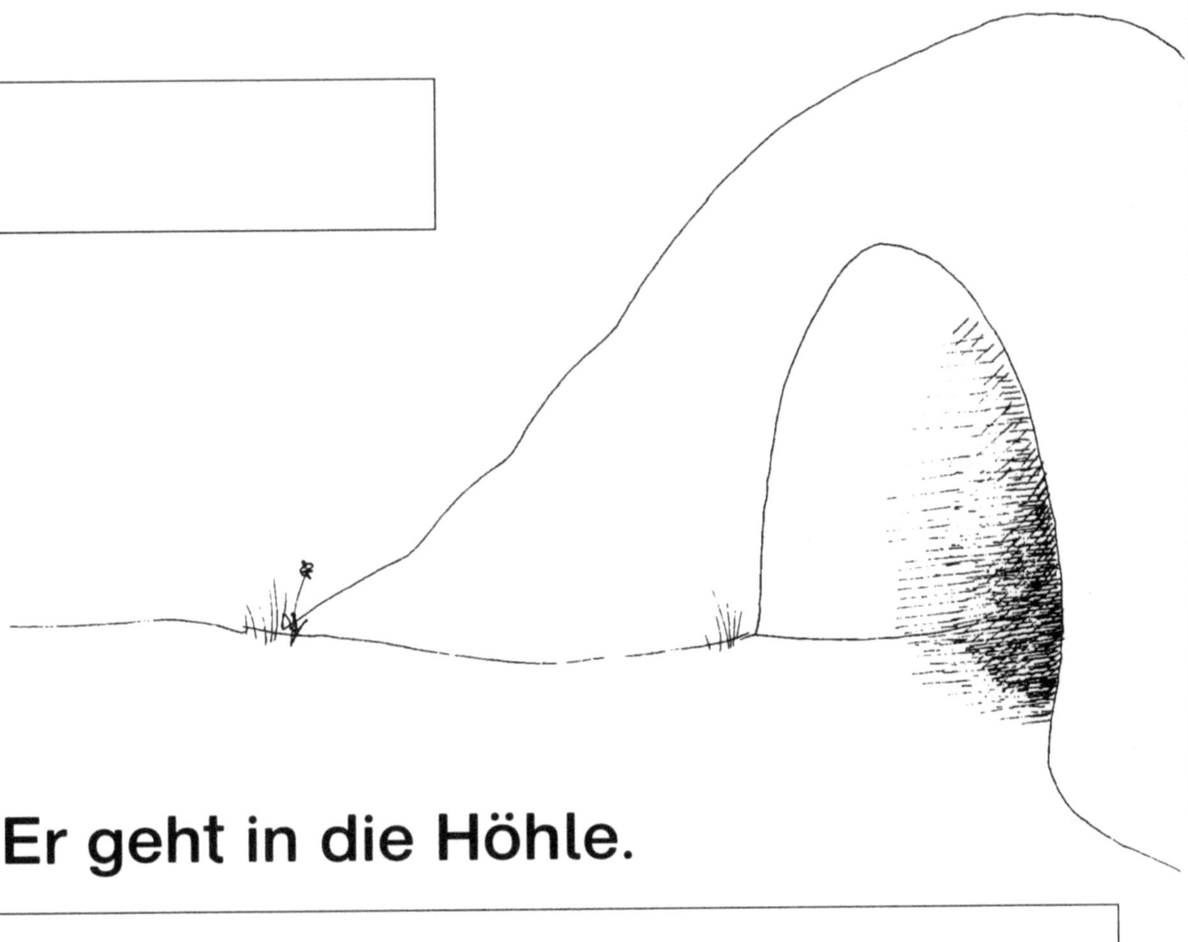

Er geht in die Höhle.

Meine Oma hat eine Puppe.

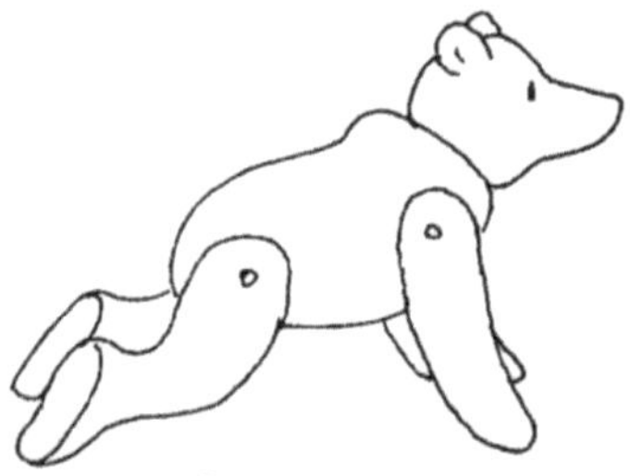

Oma war einmal ein Kind.

Sie erzählt,

wie sie mit der Puppe gespielt hat.

Wir backen Herzen und Sterne.

Katja malt ein Bild.

Oliver kauft ein Buch.

Bald ist Weihnachten.

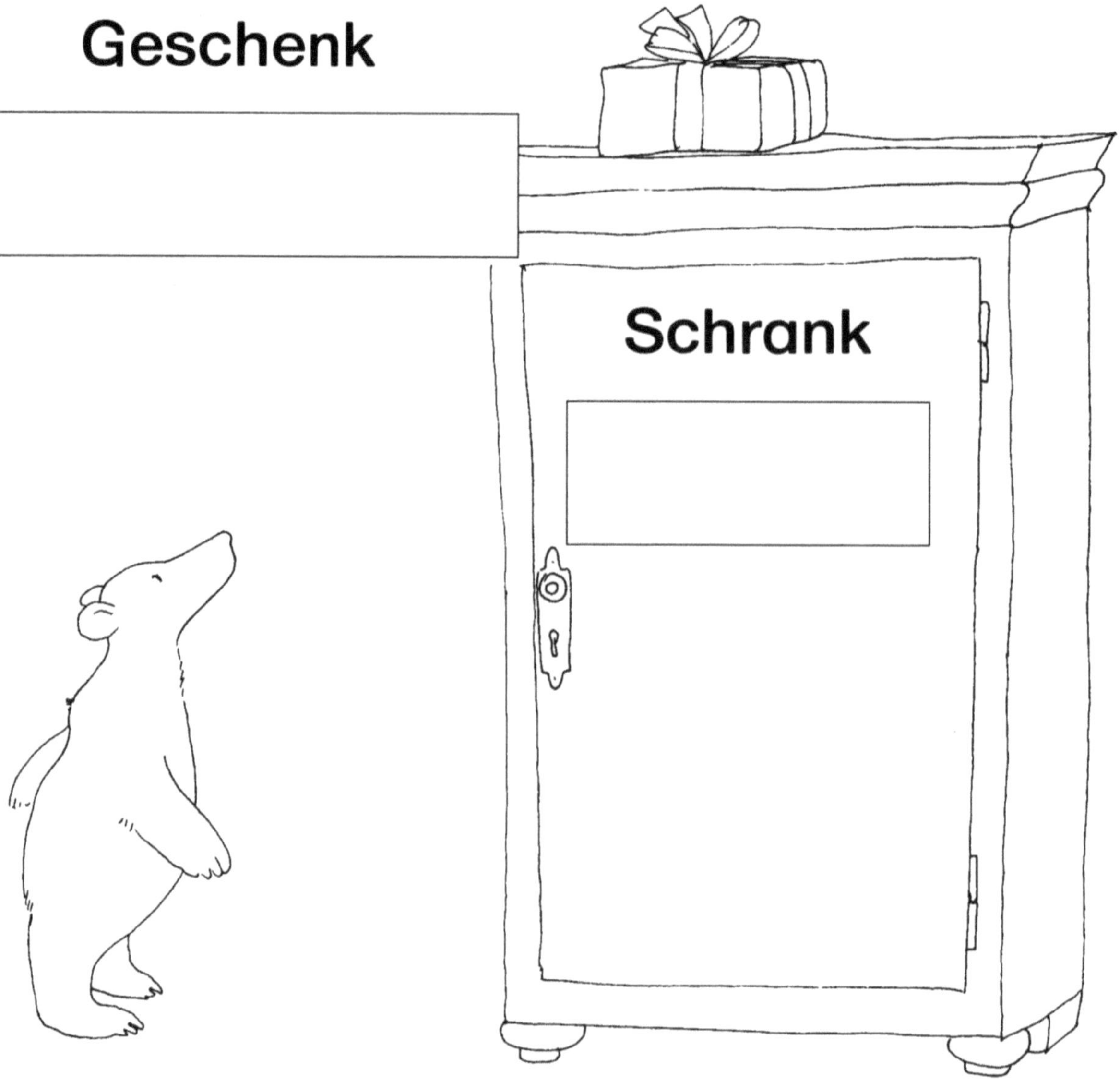

Der kleine Bär ist neugierig.

Bald ist Weihnachten.

Ich wünsche mir

Auf dem Papier stehen

viele Wörter.

Der Teddybär

kann sie nicht lesen.

Es ist dunkel.

Auf dem Tisch steht eine Kerze.

Ich esse einen Apfel

und ein paar Nüsse.

Unser Hund heißt Max.

Max bellt.

Er wedelt mit dem Schwanz.

Er springt hoch.

Vor der Tür steht der Vater.

Stefanie hat einen Teddybär.

Er darf mit in den Zoo.

Sie gehen zu den Elefanten.

Sie kommen zu den Braunbären.

Stefanie hält dem Teddybär

die Augen zu.

Die Maus hat Hunger.

Sie träumt von einem großen Käse.

Jetzt wacht sie auf und der Käse ist weg.

Unser Auto will nicht mehr fahren.

Aber es muss.

In der Werkstatt wird es aufgeklappt.

Morgen wollen wir doch eine

Reise machen.

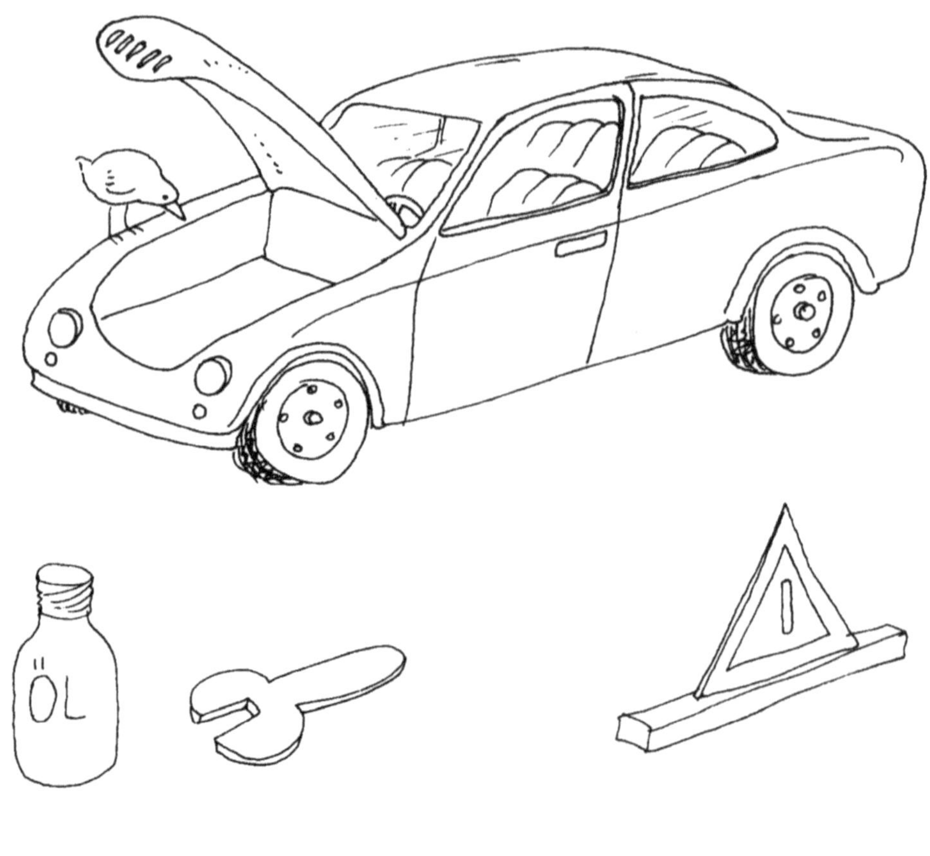

Unsere Katze ist schwarz. Sie heißt Tom.

Gestern wollte sie einen Vogel fangen.

Der kleine Vogel ist fortgeflogen.

Auf der Wiese steht ein Pferd.

Ulrike bringt dem Pferd einen Apfel.

Es nimmt den Apfel und schüttelt

den Kopf.

Im Kellerloch sitzt eine Kröte.

Sie hat goldene Augen.

Stefan nimmt die Kröte zwischen

die Hände und setzt sie in das feuchte

Moos in der Gartenecke.

Er ist froh, weil er der Kröte geholfen hat.

In unserem Garten

steht ein alter Baum.

Es ist ein Birnbaum.

Er trägt nur wenige Birnen

und ein Vogelnest.

Heute saß auf der Rinde

ein kleiner Schmetterling.

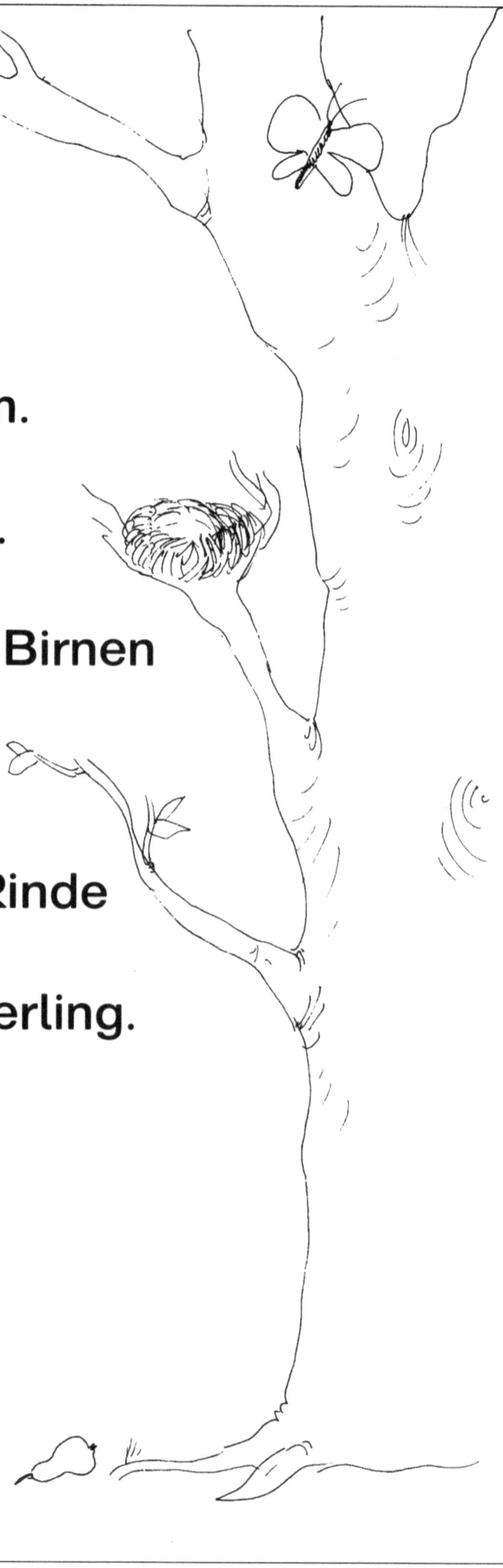

Geschenke

Die Maus schenkt einen Käse.

Das Huhn schenkt ein Ei.

Der Hund schenkt einen Knochen.

Der Vogel schenkt einen Zweig.

Der Bär schenkt ein schönes Spiel.

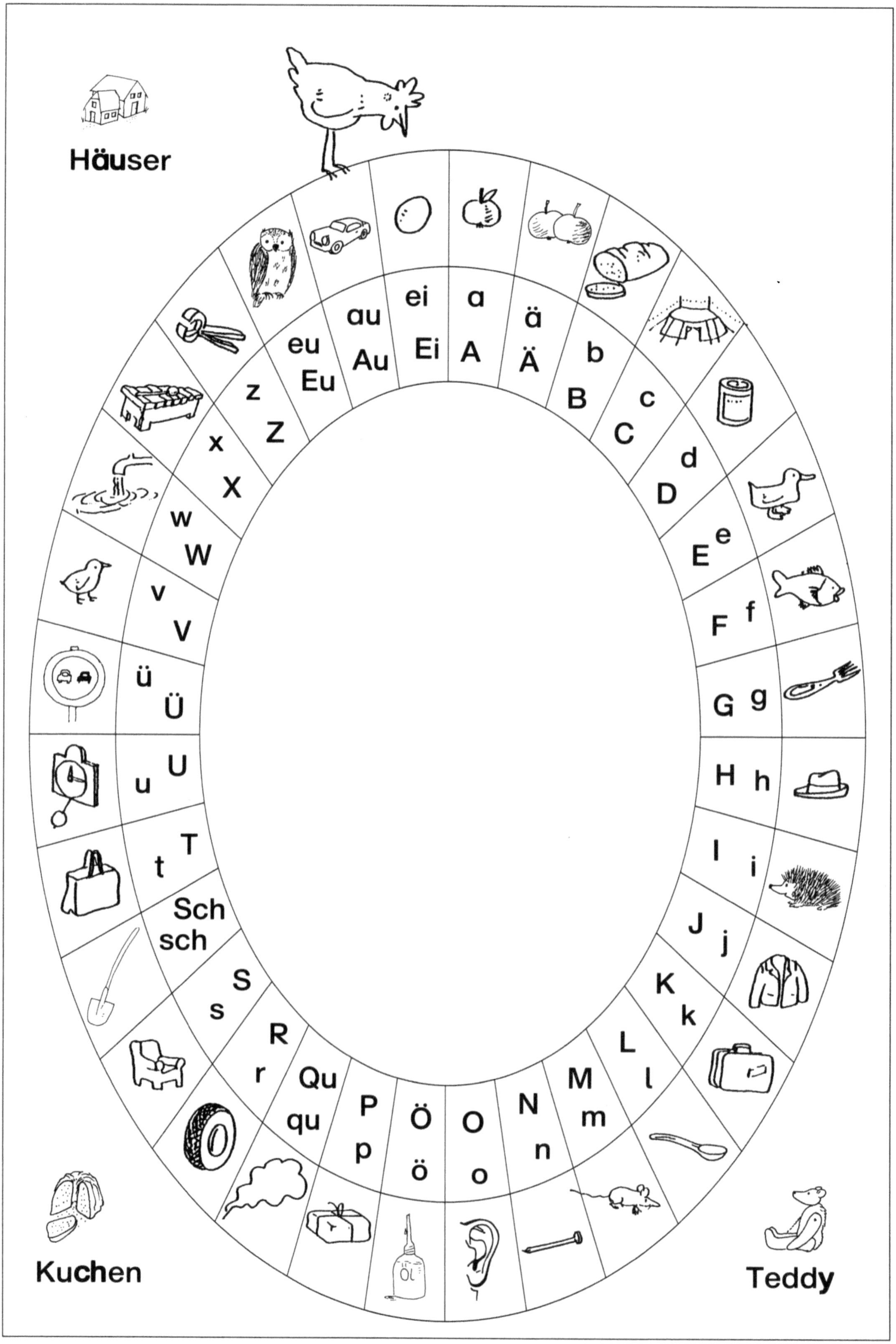

Häuser
a A
ä Ä
b B
c C
d D
e E
f F
g G
h H
i I
j J
k K
l L
m M
n N
o O
ö Ö
p P
qu Qu
r R
s S
sch Sch
t T
u U
ü Ü
v V
w W
x X
z Z
eu Eu
au Au
ei Ei
Öl
Kuchen
Teddy

Wir schreiben eine Geschichte

1. Die Maus

Im Haus wohnt eine Maus. Sie will Käse.
Sie kann den Kühlschrank nicht öffnen.
Ich gebe ihr ein Stück Speck.

2. Das Pferd

Auf der Wiese steht ein Pferd.
Ulrike bringt dem Pferd einen Apfel.
Es nimmt den Apfel und schüttelt den Kopf.

3. Unsere Katze

Unsere Katze ist schwarz.
Sie heißt Tom.
Gestern wollte sie einen Vogel fangen.
Der kleine Vogel ist fortgeflogen.

4. Am Bach

Wir spielen am Bach.
Mein Freund wirft Steine in das Wasser.
Es spritzt.
Meine Hose ist nass.

5. Husten

Ich habe Husten.
In der Nacht bin ich aufgewacht.
Jetzt muss ich im Bett bleiben.
Ich bekomme Hustensaft.
Bald bin ich wieder gesund.

6. Unser Auto

Unser Auto will nicht mehr fahren.
Der Motor ist nicht in Ordnung.
Es ist in der Werkstatt.
Morgen ist es fertig.

7. Der Hamster

Ulrike hat einen kleinen Hamster.
Im Käfig ist ein Laufrad.
Der Hamster spielt am Abend.
Er hat mich in den Finger gebissen.

8. Der Schneemann

Wir bauen einen Schneemann.
Er bekommt einen alten Hut.
Die Nase ist ein dicker Stock.
Oh weh, die Sonne scheint!
Unser Schneemann weint.

9. Wir verkleiden uns

Stefan geht als Clown und Sarah als Prinzessin.
Mehmet ist ein Räuber mit einer Maske.
Sophia und Jessica sind Dornröschen.

10. In der Schule

In unserer Klasse ist eine große Tafel.
Wir schreiben oft darauf.
Durch die Fenster scheint die Sonne.
Wir lassen die Jalousien herunter.
Bald ist Pause.

11. Der Ausflug

Unser Lehrer macht mit uns einen Ausflug.
Wir steigen in den Omnibus.
Im Wald wandern wir.
Auf der Wiese wollen wir essen und spielen.

12. Das Vogelnest

Im Gebüsch hinter dem Haus ist ein Nest.
Eine Amsel hat es gebaut.
Jetzt sitzt sie auf dem Nest und schaut mich an.
Unter der Amsel sind kleine Eier.

13. Mein Teddybär

Auf meinem Kopfkissen sitzt ein dicker Teddybär.
Er heißt Teddy.
Ich habe ihn schon lange.
Ich habe auch eine Puppe.

14. Kinderchor

Seit drei Wochen sind wir im Kinderchor.
Im Chor singen wir zusammen und lernen Lieder.
Um vier Uhr haben wir ein Konzert.

15. Im Zoo

Wir fahren in den Zoo.
Bei der Kasse ist der Eingang.
Im Zoo sind viele Tiere.
Mir gefällt das Zebra.
Hat der Flamingo nur ein Bein?

16. In der Stadt

Denk dir nur, was passiert ist!
Yvonne war in der Stadt.
Sie hat ihre Jacke auf das Dach von einem Taxi gelegt.
Das Taxi ist fortgefahren.

17. Frühstück

Ich mag Frühstück.
Es gibt Knäckebrot mit Quark und Marmelade.
Ich trinke gerne Früchtetee.
Mein Vater isst ein weiches Ei.
Er lacht, weil ich vom Quark eine weiße Nase habe.

18. Am See

Heute gehen wir an den See.
Wir nehmen Brot mit für die Enten.
Sie kommen schnell angeschwommen und schnattern.
Sie streiten um die Brotstücke.
Auf einem Blatt sitzt ein Frosch und quakt.

Schreibschriftwörter zu den Geschichten:

Maus, Wiese, Katze, Bach, Husten, Motor, Laufrad, Hamster, Hut, Nase, Sonne, Maske, Räuber, Igel, Tafel, Fenster, Ausflug, Omnibus, Vogel, Gebüsch, Teddy, Puppe, Chor, jetzt, vier, Uhr, Zoo, Zebra, Flamingo, Yvonne, Taxi, Jacke, Dach, Quark, Nase, weiß, See, Brot, Frosch, quakt, ich

Vereinfachte Ausgangsschrift

Maus Wiese Bach Husten

Motor Laufrad Hamster

Hut Nase Sonne

Maske Räuber Igel Tafel

Fenster Ausflug Omnibus

Vogel Gebüsch Teddy Puppe

Chor jetzt vier Uhr

Zoo Zebra

Flamingo Yvonne Taxi

Jacke Dach

Quark

weiß Brot See Frosch

quakt ich

Vereinfachte Ausgangsschrift

A B C D E F G H

I J K L M N

O P Q R S T U V

W X Y Z

Ä Ö Ü

a b c d e f g h

i j k l m n

o p q r s t u v

w x y z

ä ö ü

Lateinische Ausgangsschrift

Maus Wiese Bach Husten

Motor Laufrad Hamster

Hut Nase Sonne

Maske Räuber Igel Tafel

Fenster Ausflug Omnibus

Vogel Gebüsch Teddy Puppe

Chor jetzt vier Uhr

Zoo Zebra

Flamingo Yvonne Taxi

Jacke Dach

Quark

weiß Brot See Frosch

quakt ich

Lateinische Ausgangsschrift

A B C D E F G H

I J K L M N

O P Q R S T U V

W X Y Z

Ä Ö Ü

a b c d e f g h

i j k l m n

o p q r s t u v

w x y z

ä ö ü